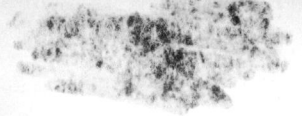

Zu diesem Buch

Die 1872 geborene Autorin ist eine Heldin der Wirklichkeit: die erste deutsche Frauenärztin. Daß sie diesen Beruf ergreifen konnte, war keine Selbstverständlichkeit. Sie drohte ihrem Vater, das Erbe ihrer Mutter für die Ausbildung zu verwenden. Anders als ihre Kollegen nahm Hermine Heusler ihre Patientinnen ernst, als Medizin eine reine Männerdomäne war. Später heiratete sie einen Mann, der sich ihretwegen von seiner Familie trennte, ein unglaublicher Skandal.

Hermine Heusler-Edenhuizen hat im Alter ihr Leben aufgeschrieben – wir lernen eine mutige Frau kennen, die mit beiden Beinen auf dem Boden steht und eine Menge geschafft hat.

Hermine Heusler-Edenhuizen

Du mußt es wagen!

*Lebenserinnerungen der ersten
deutschen Frauenärztin*

Mit einem Vorwort von Heide Soltau

Rowohlt Taschenbuch Verlag

Die Originalausgabe erschien 1997 unter dem Titel «Die erste deutsche Frauenärztin» im Verlag Leske & Budrich GmbH, Opladen und wurde besorgt von Heyo Prahm und Renate H. Häußler (geb. Heusler-Edenhuizen).

8.–10. Tausend März 2000

Veröffentlicht im Rowohlt Taschenbuch Verlag GmbH,
Reinbek bei Hamburg, August 1999
Copyright © 1997 by Verlag Leske & Budrich GmbH, Opladen
Umschlaggestaltung Susanne Heeder
(Foto mit freundlicher Genehmigung von Heyo Prahm)
Satz Bembo PostScript (PageOne)
Gesamtherstellung Clausen & Bosse, Leck
Printed in Germany
ISBN 3 499 22409 7

Inhalt

Die Geschichte beginnt fernab jeder Großstadt und jeder Universität 1893 in Ostfriesland, in einer Buchhandlung in Emden. Beim Stöbern nach geeigneter Lektüre fällt der 21jährigen Hermine Edenhuizen zufällig ein Exemplar der Zeitschrift «Die Frau» in die Hände, die «Emma» der Jahrhundertwende. Neugierig schlägt sie das Heft auf und liest sich gleich auf der ersten Seite fest. «Was wir wollen» heißt es dort im Editorial der Herausgeberin Helene Lange, die damals eine ähnliche Rolle spielte wie in der Gegenwart Alice Schwarzer. Von «unfreiwilliger Muße» und «geistiger Not» ist darin die Rede, von veralteten Anschauungen über die «Superiorität des Mannes» und von Vorurteilen gegen die Frau.

Ein Schlüsselerlebnis für Hermine Edenhuizen. Sie hatte sich oft geärgert, wenn sie nicht das gleiche machen durfte wie ihre drei Brüder, die eine weiterführende Schule besuchten und sich aufführten, als seien sie zu Höherem bestimmt als ihre vier Schwestern. Beim Durchblättern der Zeitschrift stößt sie auf eine Anzeige, die ihr Leben verändert: «Gymnasialkurse für Frauen». Darin wirbt Helene Lange für eine von ihr erkämpfte private Einrichtung in Berlin, die Frauen in drei bis vier Jahren auf die Reifeprüfung vorbereitet. Hermine Edenhuizen starrt die Anzeige an, und plötzlich weiß sie: Das will ich auch. Ich will Abitur machen und Medizin studieren.

Ein abenteuerlicher Plan, der vor hundert Jahren nicht so einfach durchzusetzen war. Aber sie schafft es. Hermine Edenhuizen – die später den Arzt Otto Heusler heiratet –

kämpft sich durch bis zum Ziel. Sie macht Abitur, studiert Medizin, promoviert summa cum laude, mit einer Eins mit Auszeichnung, und ist in Deutschland die erste vollausgebildete Fachärztin für Frauenkrankheiten und Geburtshilfe. Eine Bilderbuchkarriere. Doch wie kam die zustande? Wie konnte sich ein Mädchen aus Ostfriesland diesen Traum erfüllen?

Hermine Edenhuizen, 1872 als viertes von sieben Kindern geboren, zwei weitere starben im Säuglingsalter, stammte aus einer wohlhabenden Familie, zu deren Besitz mehrere Höfe gehörten. Das war ihr Glück, sonst hätte sie wohl kaum studieren können, denn sie verdiente erst mit 34 Jahren ihr erstes Geld. Da lagen zwölf Jahre Ausbildung hinter ihr: der Gymnasialkurs, ein sechs Jahre dauerndes Studium in Berlin, Zürich, Halle und Bonn und drei Jahre Arbeit als Volontärsärztin an verschiedenen Kliniken. Unentgeltlich, um Erfahrungen zu sammeln.

Doch Hermine Edenhuizen hatte nicht nur den entsprechenden finanziellen Hintergrund, sondern auch einen verhältnismäßig aufgeschlossenen Vater, eine Seltenheit in der damaligen Zeit. Der Landarzt, der sich nach dem Tod seiner Frau nicht wieder verheiratete, ließ seine Kinder nicht nach strengen traditionellen Maßstäben erziehen. So durfte Hermine zum Beispiel nach Herzenslust lesen.

Eine, nach Meinung vieler Eltern und Erzieher damals, unerhörte Freiheit, die anderen Mädchen nicht gewährt wurde, denn lesen galt als Gefahr für ihr seelisches Gleichgewicht. Mädchen sollten nicht allzu viel wissen, das konnte die Männer abschrecken, sie sollten im Haushalt helfen oder handarbeiten, aber nicht untätig herumsitzen. Wer die Hände im Schoß (!) hielt ... oh, là, là, der konnte schnell auf dumme Gedanken kommen.

Diese Gängelei blieb Hermine Edenhuizen im großen und ganzen erspart. Der Vater versuchte zwar mehrfach, ihre Lektüre zu beeinflussen, und empfahl ihr statt der «törichten Novellen und Romane» Physik- und Chemiebücher, aber ohne Erfolg. Liebesgeschichten interessierten sie mehr als Formeln und Versuche.

Hermine war ein wenig selbstbewußtes junges Mädchen, das furchtbar unter Heimweh litt, als es ein Jahr in einem Pensionat in Berlin verbringen mußte. Sie lernte zwar leicht und gern und überlegte, nach der Töchterschule Lehrerin zu werden, doch als der Vater ihr vorschlug, sich statt dessen in Zürich auf ein Studium vorzubereiten, weil ihm der Lehrberuf nicht paßte, lehnte sie entrüstet ab. Was keine ihrer Freundinnen machte, wollte sie auch nicht tun. Da war sie 15 und «noch nicht reif», heißt es in ihren Lebenserinnerungen.

Das änderte sich drei Jahre später, als sie nach dem Pensionat nach Hause zurückkehrte. Sie war nun bestens vorbereitet auf die Ehe und hatte alles gelernt, was eine höhere Tochter können mußte: kochen, nähen, sticken, tanzen, Französisch und ein bißchen Kunst und Literatur. Es mußte nur noch der Richtige kommen. Leider erfahren wir nichts über den ostfriesischen Heiratsmarkt und auch nicht, ob es Bewerber gegeben hat und warum sie die nicht wollte. Aber wir erfahren, daß sich die 18jährige Hermine schrecklich gelangweilt hat. Zu Hause gab es nichts Sinnvolles für sie zu tun, sie fühlte sich überflüssig, deprimiert. In ihrer Verzweiflung begann sie, in der Bibel und in religionsphilosophischen Büchern nach dem Sinn des Lebens zu suchen. Immer häufiger fuhr sie in die Buchhandlung nach Emden, bis zu jenem denkwürdigen Tag im Oktober 1893, als sie das erste Heft der soeben neu erschienenen Zeitschrift *Die Frau* in den Händen hielt.

Es waren also konkrete Erfahrungen, die Hermine Eden-huizen aus den traditionellen Bahnen ausbrechen ließen: die persönlich erlittene «Not», als Frau zur Untätigkeit verdammt zu sein und nicht die gleichen Möglichkeiten zu haben wie ihre Brüder.

Diese Not hatte schon 50 Jahre vorher einige Frauen auf die Barrikaden gebracht und zur Gründung der ersten deutschen Frauenbewegung geführt. 1849 war in Sachsen die «Frauen-Zeitung» erschienen, herausgegeben von der Schriftstellerin Louise Otto-Peters, die damit jenen Stein lostrat, den die Französinnen schon einige Jahrzehnte früher ins Rollen gebracht hatten. Bildung, Beruf und aktive Teilhabe am öffentlichen Leben, lauteten die Forderungen der Frauen, die ihre Schwestern zur Selbsthilfe aufriefen und sich ungeachtet der strengen Zensur und rasch formierenden Gegenbewegung nicht unterkriegen ließen. Zehn Jahre später gründeten sie die ersten Vereine, gut getarnt als Bildungs- und Erwerbsvereine, denn politisch betätigen durften sie sich laut Gesetz nicht.

Es waren bürgerliche Frauen, die sich engagierten, die Arbeiterinnen mußten nicht für ein Recht auf Arbeit kämpfen, sie hatten Arbeit genug, mußten Haushalt und Kinder versorgen und auch noch Geld verdienen. Die bürgerlichen Frauen dagegen wollten arbeiten, durften es aber nicht, weil das gegen Sitte und Anstand und das herrschende Rollenmodell verstieß. Der Mann ernährte die Familie, die Frau besorgte das Haus. Nur – was gab es dort schon groß zu tun, wo doch die meisten Dienstboten hatten? Besonders für unverheiratete Frauen ohne eigenen Hausstand eine unerträgliche Situation. Sie konnten allenfalls Lehrerin werden oder Gouvernante, das gestand man ihnen zu. Es ist deshalb kein Zufall, daß unter den ersten frauenbewegten Aktiven so viele Lehrerinnen waren.

Auch Helene Lange gehörte dazu. Sie war Oberlehrerin in Berlin und Leiterin eines Lehrerinnenseminars und engagierte sich seit 1887 für die höhere Mädchenbildung. Ihrem Verhandlungsgeschick (und ihrer gemäßigten Position) war es zu verdanken, daß ihr der preußische Staat sechs Jahre später erlaubte, Gymnasialkurse für Frauen einzurichten.

In Helene Lange fand Hermine Edenhuizen eine mütterliche Freundin und Mentorin – eine weitere entscheidende Voraussetzung auf dem Weg zu ihrem Ziel. Helene Lange ermutigte sie, nicht aufzugeben, als der Vater ihre Studienpläne zunächst ablehnte, sie unterstützte sie während der Schulzeit, beriet sie im Studium und half ihr bei persönlichen Problemen. Selbst in Liebesdingen übernahm Helene Lange eine beratende Funktion. Als sich ihre Schülerin in einen verheirateten Mann verliebte, gehörte sie zu den wenigen Vertrauten, die ihr die Treue hielten.

Im Herbst 1894, mit 22 Jahren, begann Hermine Edenhuizen mit dem Gymnasialkurs bei Helene Lange in Berlin. Eine Privatschule, die diese erst ein Jahr vorher, nach zahlreichen Eingaben im preußischen Abgeordnetenhaus und Petitionen beim Unterrichtsminister, eingerichtet hatte. Es war die erste und neben Karlsruhe, wo es seit kurzem ein humanistisches Mädchengymnasium gab, auch einzige Institution dieser Art im Deutschen Reich, die Mädchen die Möglichkeit bot, eine höhere Schulbildung zu erwerben. Die herkömmlichen Gymnasien nahmen ausschließlich Jungen auf. Unterrichtet wurden die Schülerinnen zum Teil von Professoren, die auch an Gymnasien lehrten, das unterstrich die Seriosität des Projekts. Niemand sollte den Mädchen vorwerfen können, sie würden weniger lernen als die Jungen. Und um die Leistungskontrolle perfekt zu machen, erfolgten die Abiturprüfungen extern vor fremden Lehrern an einem Gymnasium.

Als Hermine Edenhuizen 1898 ihren Abschluß machte, durften Frauen an deutschen Universitäten offiziell noch nicht studieren. Sie konnten sich nur mit Sondergenehmigung als Gasthörerinnen einschreiben, und auch das erst seit 1896. Bei der Zulassung von Frauen zum Studium rangierte das Deutsche Reich im internationalen Vergleich fast an letzter Stelle, nach der Türkei und Griechenland!

Vorreiterin in Europa war die Schweiz – ausgerechnet jenes Land, das Frauen erst seit 1971 wählen läßt. Aber an den Universitäten herrschte vor knapp 150 Jahren ein liberales Klima. Die Hochschule in Zürich hatte den Frauen schon 1864 ihre Tore geöffnet (Preußen regulär 1909) und sich rasch zum Mekka deutscher und russischer Studentinnen entwickelt, denn dort konnten sie vor Studienbeginn auch die Abiturprüfungen ablegen. Viele prominente Frauen haben von dieser Möglichkeit Gebrauch gemacht und in Zürich studiert: Ricarda Huch, Rosa Luxemburg, Anita Augspurg, Ilse Frapan und die beiden ersten deutschen Ärztinnen Emilie Lehmus und Franziska Tiburtius.

Während in Deutschland noch heftig gegen das Frauenstudium polemisiert wurde, vor allem von seiten der Professoren, schrieben die ersten Studentinnen in Zürich bereits an ihrer Promotion, viele von ihnen im Fach Medizin, für das sich die Frauenbewegung damals besonders stark machte. In ihren Augen war der «weibliche Arzt» bei der Behandlung von Frauen und Kindern eine «sanitäre und ethische Notwendigkeit».

Die Kritiker beeindruckte das nicht. Allen voran die Mediziner, die besonders hartleibig waren und naturwissenschaftlich zu belegen vorgaben, was ihre Kollegen von den geisteswissenschaftlichen Fakultäten moralisch und sittlich geißelten. Der Beweis sei längst erbracht, so argumentierten sie, Frauen hätten ein kleineres Gehirn als Männer und seien nicht fähig, die gleichen Leistungen zu erbringen wie diese. Die Ausbildung und Anordnung ihrer Gehirnwindungen unterscheide sich von der der Männer, sie hätten weniger graue Substanz, das sei der Grund für die Verschiedenheit ihrer geistigen Veranlagung. Nur dem Mann falle die produktive Seite zu, der Frau lediglich das rezeptive Element. Andere sahen die Gebärfähigkeit durch ein Studium bedroht – als würden Frauen mit dem Unterleib lernen. Kurzum, es gab nichts, was nicht gegen die Frauen und ihre akademischen Ambitionen sprach: die Beschaffenheit ihres Gehirns, die Menstruation, die Konstitution, die Reproduktion und die Intuition. Den Vogel schoß der Leipziger Nervenarzt Paul Moebius ab, der 1899 das Traktat «Über den physiologischen Schwachsinn des Weibes» publizierte. Da hatte Hermine Edenhuizen die ersten Semester schon hinter sich, und in Berlin studierten bereits 186 Frauen. Obwohl nach der Jahrhundertwende immer mehr Frauen an die Universitäten drängten und auch die Zahl der Ärztinnen in Deutschland langsam stieg, verkaufte sich der physiologische Schwachsinn glänzend und erreichte 1908 die neunte Auflage.

Heute mögen wir darüber lachen, den Studentinnen damals war nicht danach zumute. Jede einzelne wurde mit Argusaugen beobachtet, Fehler konnte sie sich nicht leisten, dann hieß es gleich, kein Wunder, sie ist eben nur eine Frau. Diesem Druck waren längst nicht alle gewachsen.

Hermine Edenhuizen berichtet, daß von elf Schülerinnen, die mit ihr den Gymnasialkurs bei Helene Lange begannen, nur zwei bis zum Abitur durchhielten. Wer das geschafft hatte, den erwarteten an der Universität weitere Schwierigkeiten. Um an den Vorlesungen teilnehmen zu können, mußten die Frauen jeden einzelnen Professor um eine Hörerlaubnis bitten. Und wenn diese demütigende Prozedur überstanden war, konnte es passieren, daß die Kommilitonen mit den Füßen scharrten und Witze rissen, wenn sie den Hörsaal betraten. Ein Stolperstein waren auch die Studieninhalte. Neben Männern sitzend etwas über Geschlechtskrankheiten hören oder eine Männerleiche sezieren zu müssen, brachte die Frauen bisweilen in arge Verlegenheit, obwohl die meisten Studentinnen schon älter waren.

Ohne ihre Freundin Frida Busch, die sie seit dem Gymnasialkurs kannte, wäre Hermine Edenhuizen wohl nicht so gut durchs Studium gekommen. Sie besuchten gemeinsam die Vorlesungen, teilten sich eine Unterkunft, arbeiteten an der Klinik zusammen und verbrachten oft auch ihre Freizeit miteinander. Bis Frida heiratete und für Hermine eine Welt zusammenbrach. Sie ging wohl davon aus, daß die Freundin ihren Beruf aufgeben würde, wenn sie Ehefrau und Mutter wird, und empfand das als «Verrat an unserer heiligen Sache». Und so war es auch, Frida bekam zwei Kinder und soll danach nicht mehr als Ärztin gearbeitet haben.

Wenige Jahre später folgte Hermine Edenhuizen dem Beispiel ihrer Freundin – und löste damit einen Skandal aus. Denn Otto Heusler war verheiratet, als sie ihn kennenlernte, und ließ sich ihretwegen scheiden. Das war Wasser auf die Mühlen all jener, die das Frauenstudium immer noch als Quelle der Unmoral geißelten, obwohl es in Deutschland inzwischen überall höhere Mädchenschulen gab und die Zulassungsbeschränkungen für Frauen an den Universitäten seit 1908 nirgendwo mehr existierten.

Es war die mütterliche Freundin und Mentorin Helene Lange, die ihrer Schülerin dringend dazu riet, vor der Heirat einen Ehevertrag abzuschließen. Nach dem damaligen Recht hätte ihr Mann nämlich die Verfügungsgewalt über ihr Vermögen bekommen und ihr sogar verbieten können, erwerbstätig zu sein. Die Eheleute vereinbarten die Gütertrennung, und Otto Heusler erteilte seiner Frau die «unwiderrufliche Ermächtigung, jederzeit ihren Beruf in vollstem Umfang nach eigenstem freiem Ermessen auszuüben». Und dabei blieb es. Hermine Heusler-Edenhuizen, die nach der Heirat ganz modern einen Doppelnamen führte, arbeitete zeit ihres Lebens als Ärztin, auch nach der Adoption zweier Kinder.

1909 beendete sie ihre Facharztausbildung in Bonn und ließ sich in Köln nieder. Sie war damit die erste in Deutschland approbierte Frau, die sich offiziell *Spezialärztin für Frauenheilkunde und Geburtshilfe* nennen durfte. Aber die erste Frau, die in Deutschland auf diesem Gebiet tätig war, war sie nicht. Seit 1876 praktizierten in Berlin bereits Emilie Lehmus und Franziska Tiburtius und seit 1890 auch Agnes Bluhm. Aber alle drei hatten in Zürich studiert und die Schweizer Approbation, für eine Niederlassung im Deutschen Reich genügte das nicht. Hier verlangte man das deutsche Staatsexamen. Die Frauen halfen sich, indem sie auf ihr Praxisschild *Dr. med. der Universität Zürich* schrieben – was sich als besonders werbewirksam erwies, obwohl sie rechtlich gesehen nur als Kurpfuscher galten. 1877 errichteten Franziska Tiburtius und Emilie Lehmus eine Poliklinik für unbemittelte Frauen und einige Jahre später die *Klinik weiblicher Ärzte*, ein kleines Belegkrankenhaus, in dem Patientinnen auch stationär behandelt werden konnten.

Als Hermine Heusler-Edenhuizen 1909 von Köln nach Berlin übersiedelte, um die Leitung der *Klinik weiblicher Ärzte* zu übernehmen, geschah das auch, um dem Gerede am Rhein zu entgehen, das ihre Affäre mit Otto Heusler ausgelöst hatte. Obwohl viele Kolleginnen davon abrieten – es gab bereits zehn niedergelassene Ärztinnen in Berlin –, baute sie sich eine gynäkologische Privatpraxis auf und hatte bald guten Zulauf. Später gründete sie eine weitere eigene Poliklinik für unbemittelte Frauen, nicht nur aus sozialen Gründen, sondern auch, um dort größere Operationen vornehmen zu können. Hermine Heusler-Edenhuizen war eine begeisterte Chirurgin.

Die Berichte aus ihrer ärztlichen Praxis zeigen, wie dankbar viele Patientinnen gewesen sein müssen, endlich von einer Frau behandelt zu werden, dazu von einer, die sich Zeit für sie nahm und genau erklärte, was sie machte. Dennoch war sie keine Radikale, sie fühlte sich dem gemäßigten Flügel der bürgerlichen Frauenbewegung verbunden, und doch klingen manche Passagen geradezu feministisch, wie wir heute sagen würden. Vieles von dem, was Frauen im Zuge der neuen Frauenbewegung erst in den siebziger und achtziger Jahren an Frauenärzten kritisierten, klingt hier bereits an: das herrische, unsensible Verhalten einiger Mediziner, deren Verständnislosigkeit gegenüber sexuellen Problemen ihrer Patientinnen, die zynischen Bemerkungen über Frauen, die kalte, unpersönliche Atmosphäre im Wartezimmer und das unverständliche, einschüchternde Fachchinesisch. Hermine Heusler-Edenhuizen erkannte schon früh, wieviel Elend sich hinter den Schlafzimmertüren verbarg, wie oft Frauen noch kurz vor der Entbindung von ihren Männern zum Beischlaf gezwungen wurden und wie viele Gefahren das barg. In ihrem Kampf gegen das Kindbettfieber, das vor der Einführung des Penicillins im Zweiten Weltkrieg oft tödlich verlief, machte sie mehrfach darauf aufmerksam.

Politisch den Liberalen um Friedrich Naumann nahe, engagierte sie sich auch für die Streichung des § 218. Sie kritisierte die «mittelalterlichen Sitten», die Frauen für eine Tat bestraften, die sie aus Not begingen, während Männer ungeschoren davonkamen. Sie nahm an mehreren Demonstrationen teil.

Andererseits gibt es auch manches, das aus heutiger Sicht

befremdet. Der von ihr erfundene Bauchhalter zum Beispiel, den sie Schwangeren zur Vermeidung von Bindegewebsrissen verordnete, oder die stellenweise antiquierte und schwülstige Ausdrucksweise. Aber sie war eben Ärztin und keine Schriftstellerin. Formulierungen wie «die Natur der Frau» oder «das Wesen der Frau» deuten darauf hin, daß sie die Differenz der Geschlechter biologisch begründete. So hielt sie die sexuelle Erlebnisfähigkeit der Frau auch für weniger ausgeprägt als die des Mannes, eine Gleichwertigkeit sei nie gegeben, meinte sie und verwies dazu auf die Kriminalstatistik: Nur Männer könnten zu Lustmördern werden, Frauen hingegen töteten aus seelischen Gründen. Eine merkwürdige Trennung von Körper und Seele.

Hermine Heusler-Edenhuizen spart vieles in ihren Erinnerungen aus. Leider. Wie viele ihrer Generation ist sie eher zurückhaltend bei der Mitteilung persönlicher Dinge.

Die dreißiger und vierziger Jahre werden nur kurz gestreift, Hermine Heusler-Edenhuizen war gegen den Nationalsozialismus und soll auch jüdische Patienten noch vereinzelt behandelt haben, mehr ist nicht bekannt. Bis 1945 arbeitete sie als Ärztin in Berlin. Nach dem Krieg zog sie sich in ihre ostfriesische Heimat zurück.

Hermine Heusler-Edenhuizen starb im Alter von 83 Jahren 1955 in Berlin – eine Frau, die, durch glückliche Umstände ermutigt, die Chance hatte, Ärztin zu werden. Sie hat es gewagt – und sie hat es geschafft.

Heide Soltau

Der Weg zum Beruf

− − − Kindheit in Ostfriesland

Fern von jeglichem Einfluß frauenrechtlicher Ideen bin ich
in einem kleinen ostfriesischen Dorf, Pewsum bei Emden,
aufgewachsen, nahe dem Dollart. Das Dorf hatte damals
siebenhundert Einwohner und liegt, wie alle ostfriesischen
Dörfer dieser Gegend, auf einer Warft. Das ist eine breite
hügelartige Erhöhung mitten in dem absolut flachen Land,
die künstlich angelegt worden ist, um die Siedlung vor
Überschwemmungen zu schützen, falls der Deich, der das
ganze Land umgibt, dem Druck einer Springflut oder eines
schweren Sturmes nicht standhalten sollte. Auf der Höhe
der Warft steht die Kirche, neben ihr der Glockenturm für
sich, beide vom Friedhof umgeben, an den sich dann die
Häuser anschließen.
Nach Erzählungen ist der letzte Deichbruch im Jahre 1825
gewesen. Seither haben die Deiche gehalten; aber die Mär
von dem Schrecken eines Deichbruchs ging in meiner Jugend noch stark um, und wir Kinder hörten mit leisem
Schaudern davon erzählen. Wir hatten viel Sturm. Er toste
und brauste um das einzeln stehende Haus mit seinen hohen Bäumen. Für gewöhnlich liebten wir ihn und kämpf-
ten und spielten mit ihm; nur wenn er des Nachts gar zu
scharf an allem rüttelte und die Bäume ächzten, haben wir
Angst gehabt.
Mein Vater war in diesem Dorf ein gesuchter Landarzt. Wir
sieben Kinder verloren im frühen Alter von zwölf bis zu
einem Jahr die Mutter und teilten dann das schwere Schick-

Die Großeltern Edenhuizen 1839 mit den drei ältesten Kindern. Links Hilderina, die spätere «Märchentante», rechts Martin, der Vater von Hermine.

sal der meisten mutterlosen Kinder, ohne Liebe und Zärtlichkeit groß zu werden. Die langjährige Hausdame haben wir teils gehaßt und teils verachtet. Sie war unfähig, uns lebhafte Kinder zu erziehen, und stellte sich zwischen uns und den Vater, indem sie bei eigenem Versagen drohte, den Vater zu schweren Strafen zu veranlassen. Obgleich es niemals zu dieser Bestrafung kam, hatten wir doch Angst davor, wagten aber auch nicht, uns bei dem Vater über sie zu beklagen. Wir waren in zu großem Respekt vor ihm erzogen, und dann war er auch in seiner Trauer um die Mutter so ernst, daß wir Scheu hatten, ihn zu stören. Wir wußten, daß er manchmal nachts zum Friedhof ging, hörten, daß er das Grab der Mutter nach Jahresfrist wieder hatte öffnen lassen und, als er den Sarg im Wasser schwimmend fand, wie das unsere tiefliegende Gegend mit sich bringt, eine neue

Aafke Dieken   (ca. 1867)   Dr. Martin Edenhuizen

Gruft hatte bauen lassen mit meterdicken Wänden. Als wir
größer waren, nahm er uns Kinder mit in diese unheimliche
Gruft, die uns schreckliches Grauen einflößte. Aus gesunder
Abwehr heraus ist es mir meistens gelungen, mich in letzter
Minute unauffindbar zu verstecken.

Die gleiche schwere Friesenart ließ ihn uns Kinder drei
Jahre lang Trauer tragen, wodurch wir in eine Gemütsrich-
tung hineingerieten, daß wir empört waren, als man uns
nachher wieder bunte Sachen anziehen wollte. Während
dieser dreijährigen Trauerzeit haben wir auch keine Weih-
nachtsfeier gehabt. Erst als im vierten Jahr mein Bruder und
ich uns heimlich aus dem Garten eine Tanne holten, kam
der Vater zur Besinnung.

Ich habe mir in späteren Jahren oft überlegt, wie es möglich
war, daß er als Arzt und als kluger, gütiger Mensch die Kin-
dergemüter so schwer belasten konnte, und fand eine Erklärung nur in der damaligen Einstellung zu Kindern über-

haupt, als ob sie bis zur Reife nur spielten und träumten und das Leben noch nicht recht an sich auswirken lassen konnten. Die Kinder jener Zeit wurden auf dem Lande nicht ernst genommen und beiseite geschoben, besonders noch, wenn so viele da waren. Kinderpsychologie, wie wir sie heute kennen, war noch ein unbekanntes Thema.

So auf uns selbst angewiesen, trugen wir sieben Kinder unser Leid für uns und sorgten früh eins für das andere. Wir machten aus der Mutter eine «Heilige», von der wir nur untereinander sprachen, und dann auch nur leise. Mit anderen von ihr zu reden erregte uns so sehr, daß wir darauf nicht antworteten, wie wir auch Photographien von ihr, die man uns zeigen wollte, schnell fortlegten. Das haben der Vater und die Verwandten nicht verstanden. Sie waren der Meinung, wir hätten die Abgeschiedene schon vergessen! – Würde die Mutter die Seelen der Kinder besser erfaßt haben? Wir haben es geglaubt und uns deshalb noch in einem Alter nach ihr gesehnt, in dem andere Kinder sich von ihr lösen. In späteren Jahren habe ich die Erfahrung gemacht, daß dieses Seelenschicksal mutterloser Kinder wohl meistens das gleiche ist. Sooft ich mutterlos aufgewachsene Frauen traf, schütteten wir uns in sofortigem Kontakt unser Herz aus. Das Leid war immer dasselbe.

Große Lebensverhältnisse in Gestalt eines weitläufigen Gartens mit vielen Spiel- und Naschgelegenheiten, eines geräumigen Hauses mit eigenen Zimmern für uns und einer Scheune für Vaters Wagenpferde und unser Ziegenfuhrwerk ließen uns trotz allem froh sein. Wir lebten die meiste Zeit im Freien und sind wohl dadurch körperlich gesund und kräftig geworden. Psychisch haben wir alle gelitten; wir waren erregte Kinder und nahmen das Leben frühzeitig schwer.

In der Verwandtschaft war nur eine Tante, die älteste

Burg Pewsum 1894, im Hintergrund das Geburtshaus von Hermine Edenhuizen.

Schwester unseres Vaters, die sich unserer warm annahm.
Sie war selbst kinderlos und hatte einen kranken Mann. Zu
ihr pilgerten wir in allen Ferien gleich am ersten Tage, um
am letzten weinend wieder nach Hause zu gehen. Diese
Tante hatte eine wundervolle Art, die Umwelt märchenhaft
zu beseelen. Sie erzählte uns, was ihr die Vögel aus fernen
Ländern berichtet hätten, die Schwalben besonders bei der
Abreise und bei der Wiederkehr, erzählte uns, was ihr die
Pferde und Kühe im Stall ausgeplaudert hätten – ja sogar die
toten Gegenstände ließ sie reden. Alles um sie herum war
belebt und beseelt. Wenn wir dann manchmal einwarfen,
ein Bild zum Beispiel könne doch nicht sprechen, dann sah
sie uns mit großen Augen lachend an, drohte mit dem Fin-
ger und meinte: «Ihr müßt nur ordentlich hinhören!» Und
sogleich glaubten wir wieder. – Wir durften bei ihr tun, was

wir wollten, und durften auch bestimmen, was gegessen werden sollte. Es ging alles nach unseren Wünschen; nur mußten wir Mädchen jeden Tag eine bestimmte Anzahl Runden an einem Strumpf stricken, wobei sie in ernstem Ton von dem Wert der Arbeit sprach. Ihr immer lebendiges Bild hat uns erzieherisch entscheidend beeinflußt im Streben nach Innerlichkeit und in der Wertschätzung der Arbeit.

Von der Familie der Mutter lebten nur zwei Brüder, beide sehr reich und exklusiv. Der klugen Frau des ältesten Bruders fehlte es an genügender Warmherzigkeit, um sich der sieben mutterlosen Kinder anzunehmen; die Frau des jüngeren hatte keine Initiative. Dieser jüngere Bruder selbst war gut zu uns, aber als Mann wußte er nichts anderes zu tun, als uns reich zu beschenken und freundlich zu sein. Beide Onkel waren sehr «nervös», wie man es bezeichnete. Ihre Mutter, unsere Großmutter, war die letzten sechzehn Jahre ihres Lebens gemütskrank gewesen, und unsere eigene Mutter während der kurzen Spanne ihres Lebens – sie starb im Alter von achtunddreißig Jahren – auch schon zwei Jahre lang. Diese psychische Schwäche war das Resultat einer langen Inzucht. Der Stammbaum der Familie Dieken ist bis 1400 sicher zu verfolgen, wird dann undeutlich durch Änderung des Namens. Die Familie erreichte ihren Höhepunkt an Besitz und Ansehen am Ende des 18. Jahrhunderts, ließ dann nach an Kraft und stirbt jetzt langsam aus in der üblichen Weise der durch Inzucht Degenerierten. Aufgestaute Hemmungen stehen einer normalen Fortpflanzung im Wege. Die sieben Kinder unserer Mutter brachten kein Enkelkind, und das jüngste ihrer Kinder wurde im Klimakterium schizophren.

Martin und Aafke Edenhuizen (ca. 1875). Hermine auf dem Schoß, Gesine und Ubbo.

--- Erste Schulbildung

Von den sieben Geschwistern war ich wohl das kräftigste Kind, jedenfalls das vitalste. Ich bekam im Alter von viereinhalb Jahren meinen ersten Unterricht mit dem älteren

Bruder zusammen. Gemeinsam schlenderten wir spielend, die Schulmappe zwischen uns, zu der außerordentlich netten und pädagogisch sehr einsichtsvollen Privatlehrerin. Zwei Jahre später trennten sich unsere Wege. Ich kam in die Privat-Töchterschule und er in die entsprechende Knabenschule des Ortes. Für uns Mädchen hatte der Staat zu der Zeit nur die Volksschule. Wollten Familien mehr Bildung für ihre Töchter, dann engagierten sie Hauslehrerinnen. In dem kleinen Pewsum nun taten sich mehrere Familien zusammen, mieteten zwei Zimmer, engagierten zwei Lehrerinnen und gründeten so eine Privat-Töchterschule, die der Oberaufsicht des Dorfgeistlichen unterstellt wurde.

Wir hatten das Glück, zwei gewissenhafte und eifrige Lehrerinnen zu bekommen, die in guter Organisation zwölf bis zwanzig Kinder im Alter von sieben bis vierzehn Jahren unterrichteten, wobei erschwerend war, daß viele Kinder zu Hause nur Plattdeutsch sprachen. Unsere damalige Erziehung zu Respekt und Ehrfurcht kam wohl der Disziplin zugute. In der Stadt Emden war auf ähnliche Weise eine Privat-Töchterschule entstanden, die später die Stadt übernahm. Dem größeren Besuch entsprechend waren dort mehr Lehrkräfte angestellt und auch spezialisierte.

Als ich eben das 14. Jahr vollendet hatte, schickte mich der Vater auf diese Emdener Schule, wo man mein Wissen so hoch einschätzte, daß ich gleich in die Ia-Klasse kam und dann leider nach einem Jahr fertig war. Ich hatte aber den starken Wunsch, weiter geistig zu arbeiten, und wollte deshalb die Selekta besuchen. Der Direktor der Schule unterstützte meinen Wunsch bei dem Vater. Der Lehrerberuf, für den die Selekta vorbereitete, war dem Vater aber so unsympathisch, daß er, wie er sagte, keinem seiner Kinder je erlauben würde, ihn zu wählen. Dagegen machte er mir den Vorschlag, nach Zürich zu gehen und mich dort auf ein Studium vorzubereiten! Und ich – lehnte dies Anerbieten entrüstet ab mit der Begründung, daß das niemand von den Mitschülern tue. So habe ich mir damals, weil ich noch nicht reif war, selbst den Weg verlegt, den ich mir sieben Jahre später schwer erkämpfen mußte.

Zunächst ging es nun zurück ins Elternhaus, wo ich keine Pflichten zuerteilt bekam, sondern spielerisch lebte, wie es mir gefiel. Wir schlugen, wie mein Vater tadelte, bei dem beliebten Krocketspiel «mit Stöcken die Zeit tot». Aber er wußte nicht, wie er ändernd eingreifen sollte, wie er uns auch nicht von der Unsitte des Korsetttragens abbringen konnte, mit dem man sich nach damaliger Mode eine Taille von 48 cm zurechtschnürte.

Da meldete sich bei mir das Schicksal. Ich erkrankte im Alter von fünfzehn Jahren an einer schweren Blinddarmentzündung, der ich zum Opfer gefallen wäre, wenn mich nicht meine ungewöhnlich kräftige Konstitution gerettet hätte. In damaliger Zeit stand die chirurgische Behandlung der Appendizitis noch in den allerersten Anfängen. Mein Vater ließ einen Chirurgen aus Oldenburg kommen. Der aber erklärte den Fall für chirurgisch unzugänglich und für hoffnungslos. So als junger Mensch dem Tode ausgeliefert, was ich selber fühlte, geschah das Seltene, daß der Körper sich half mit Durchbruch in Blase und Darm. Der ganze hochfieberhafte Heilungsprozeß dauerte aber ungefähr ein Jahr. In den letzten Wochen der Rekonvaleszenz brachte mir mein Vater Lehrbücher für Chemie und Physik und meinte, von denen hätte ich doch mehr als von den törichten Novellen und Romanen, die ich läse. Aber ich folgte dieser Aufforderung nicht, weil ich mich noch zu matt fühlte. Das war die zweite Abwehr von Vorschlägen des Vaters zur Weiterbildung; er muß wohl nicht die richtige Art gehabt haben, in uns Mädchen Interesse zu erwecken. Ich weiß, daß ich auch seine ständigen Anregungen in Botanik, Zoologie und Astronomie gleichgültig abgewiesen habe, während die Brüder lebhaft interessiert mit ihm physikalische Experimente machten. Für sie kam allwöchentlich der Dorfschullehrer zum Turnunterricht; da hätte ich gern mitgemacht, weil ich vor der Erkrankung überschäumte von Kraft. Mein Vater hätte das wohl auch gestattet, aber ihn hinderte die törichte Hausdame, deren jedes dritte Wort lautete: «Ein junges Mädchen muß sinnig sein!» Wie ich das Wort «sinnig» gehaßt habe! Zur Entschädigung bin ich in die höchsten Bäume oder auf den Dachfirst geklettert und bin mit der Stoßstange über die breiten Gräben gesprungen; das bemerkte niemand, und ich kam dabei doch zu meinem Recht.

Im Gegensatz zu meinem Vater, der musikalisch war und selbst Flöte spielte, ist die Familie der Mutter so unmusikalisch, daß das väterliche Erbe nicht zur Geltung kommen konnte. Vier von den Kindern hatten Freude an Musik, die anderen drei nicht einmal das. Musikunterricht bekamen wir alle schon in jungem Alter. An einem Abend in jeder Woche wurde vierstimmig gesungen, wozu auch wieder der orgelspielende Dorfschullehrer herangezogen wurde. An diese Abende erinnere ich mich mit einem leisen Glücksgefühl. Sie hörten auf, als wir Kinder auf die höheren Schulen nach außerhalb gingen. Jedes von uns bekam Klavierstunden bei einer der Töchterschullehrerinnen, die selbst nicht viel konnten. Außer mir, die ich aushielt, haben alle Geschwister aufgehört. Später haben noch ein Bruder und eine Schwester Geige gespielt. Es blieb aber alles in den Anfängen stecken. Die Ausübung einer Kunst blieb uns versagt.

In der Zeit, in der ich akut krank lag, siechte der ältere Bruder langsam hin an Tuberkulose, die er sich als 15jähriger durch Rauchen aus der Pfeife eines tuberkulösen Kutschers zugezogen hatte. Damals wußte man noch nichts von Tuberkelbazillen und hielt die Tuberkulose für eine reine Erbkrankheit, die unsere gesunde Familie nicht zu befürchten hatte. Mein Vater brachte den Kranken nach Norderney in ein Sanatorium. Dort wurde er, den damaligen Anschauungen entsprechend, überfüttert. Man quälte ihn mit 8 bis 10 Eiern am Tage neben den regulären Mahlzeiten und ließ ihn mehrere Stunden am Tag spazierengehen, statt Liegekuren zu machen. Nachdem ich mich von dem Schwersten erholt hatte, wurde ich zu seiner Gesellschaft auch in das Sanatorium geschickt und habe dort drei Monate das Hoffen und Verzagen des Bruders miterlebt. Als das Ende nicht mehr zu bezweifeln war, kamen wir ins Elternhaus zurück, wo ich ihn in den letzten Wochen mit einem Pfleger zusammen gepflegt habe und bei seinem schweren Sterben (Kehlkopftuberkulose) drei Tage hindurch zugegen war. Der Vater, der sehr um ihn litt, gab ihm aus religiösen Gründen keine Erleichterung durch Morphium. Es blieb dann keine andere Hilfe als das heiße Gebet zu Gott, ihn schnell zu sich zu nehmen. Das zu erleben war für eine 16jährige schwer.

Ein Jahr darauf, nun siebzehn Jahe alt, kam ich, wie das üblich war, in «Pension», und zwar nach Berlin. Im Verhältnis zu 1940 war Berlin damals, 1889, noch eine größere Provinzstadt. Es gab weder Untergrundbahn noch elektrische Bahn und keine Autos. Die noch junge Stadtbahn wurde angestaunt, und ihr Anspruch auf schnelles Aus- und Einsteigen wirkte gerade so beängstigend wie heute für Neulinge die Rolltreppe. In den Straßen fuhren Pferdebahnen, die je nach der Größe der Wagen von einem oder zwei Pferden gezogen wurden. Ihr Tempo war so rücksichtsvoll, daß man ohne Gefahr während der Fahrt auf- und abspringen konnte. Für Einzelfahrten standen Pferdedroschken am Rande der Straßen zur Verfügung, erster Güte mit zwei Pferden und zweiter mit einem Pferd, entsprechend die Preise moderiert. Stolz saß auf dem Bock der berühmte Berliner Droschkenkutscher mit seinem schwarzlackierten Zylinder auf dem Kopf und einem weiten blauen Cape über dem Mantel. Er nahm sich viel Zeit, wenn man ihn um eine Fahrt ersuchte, und kam nie aus seiner sprichwörtlichen philosophischen Ruhe heraus. Die Stadt selber hörte im Westen, wo ich sie hauptsächlich kennenlernte, am Lützowplatz, damals noch ein Holzplatz, auf. Von dem kahlen Nollendorfplatz aus fuhr eine Kleinbahn mit Lokomotive über märkische Sandflächen nach dem Ausflugsort Halensee. Die Potsdamer Straße endete in der Gegend der Göbelstraße, von wo aus man am Botanischen Garten vorbei über freies Feld zu dem Dorf Schöneberg mit der kleinen Dorfkirche pilgerte. Trotz dieser relativen Harmlosigkeit erschütterte mich Landkind das Leben und Treiben in Berlin so stark, daß ich als großes, lang aufgeschossenes Mädchen die Hand des Vaters nicht losließ, sobald wir die Straßen betraten. Drei Tage lang wurden wir von Freunden des Vaters mit den Sehenswürdigkeiten Berlins bekannt gemacht, dann mußte ich bei den Damen abgeliefert werden, die meine Erziehung in die Hand nehmen wollten. Mein Vater brachte mich mit einer Droschke «erster Güte» zu ihnen in die Potsdamer Straße. Er hatte mit den drei sehr gebildeten, geistig regen und gütigen Damen eine gute Wahl getroffen. Nach kurzem Sehen war schon der Kontakt da. – Aber dann kam der Abschied vom Vater! Ich durfte ihn die Treppe hinunterbegleiten bis an die große Haustür, die noch Glasscheiben hatte. Als diese Tür hinter ihm zugefallen war, brach ein solcher Jammer über mich herein, daß ich ihm nachlaufen wollte. Er winkte mir durch die Scheiben begütigend zu und wandte sich schnell ab. Von da an habe ich drei Monate hindurch ein unsinniges Heimweh gehabt. Man konnte mich kaum ablenken. Gelang es mir, während des Unterrichts und bei dem offiziellen Zusammensein mit den anderen die Fassung zu bewahren, dann brachte die geringste Gemütserregung durch ein freundliches Wort oder eine teilnehmende Frage das ganze Gebäude der Selbstbeherrschung wieder ins Wanken. Die kleine Schöneberger Kirche, in der wir allsonntäglich den Gottesdienst besuchten, ist mir heute noch eine lebhafte Erinnerung an ein Meer von Heimwehtränen. Bei so großer Sensibilität wäre ich damals nie fähig gewesen, kämpferisch einen eigenen Weg zu gehen. So war es unbewußter Selbstschutz, der mich den zwei Jahre zurückliegenden Vorschlag meines Vaters ablehnen ließ, nach Zürich zu gehen. Es mußte zunächst einmal die starke Bindung an die Heimat, wie sie Friesenart ist, gelockert werden. Dazu haben mir in liebevoller und fröhlicher Weise die Pensionsmütter geholfen und die sympathischen und angeregten Mitschülerinnen, die mich weidlich neckten, wenn ich so intensiv Ostfriesland als Ideal hinstellte.

Als ich, achtzehnjährig, wieder nach Hause zurückkam, wußte ich mit meinem überschüssigen Tatendrang nichts anzufangen. Für Hausarbeit waren Angestellte da. Alle Arbeit, die ich im Hause tat, kam mir überflüssig vor. Der Vater meinte, ich solle Brot backen, aber das machte ja der Bäcker rascher und besser. Auch Strümpfe, die ich stricken könnte, waren billiger zu kaufen. Wie wir auch hin und her überlegten, wir fanden nichts Vernünftiges für mich zu tun. Bei diesem Mangel an Pflichten wurde ich innerlich unruhig und suchte Zuflucht in der Religion. Wir waren evangelisch reformiert erzogen und konfirmiert. In diesem Bekenntnis war uns gepredigt worden, es fiele kein Haar von unserem

Haupte, von dem Gott der Herr nichts wisse. So konnte ihm auch meine Unzufriedenheit nicht verborgen sein. Abend für Abend las ich die Bibel und Andachtsbücher und ging mit mir ins Gericht. Als ich trotzdem nicht weiterkam, suchte ich ein besseres Andachtsbuch. Dazu ging ich in eine Buchhandlung in Emden. Unberaten, wie ich war, wählte ich dort als Andachtsbuch «Das Leben Jesu» von David Friedrich Strauß, dem bekannten Religionskritiker. Mit diesem Buch kam die Wendung in meinem Leben. Ich habe bei seiner Lektüre ein schweres halbes Jahr durchgemacht. Während ich verstandesmäßig bejahte, was Strauß sagte, quälte mich gleichzeitig das Gefühl von Gotteslästerung. Fragen konnte ich zu Hause niemand. Angstvoll flüchtete ich wieder ins Gebet und fuhr schließlich zu dem Geistlichen in Emden, der mich konfirmiert hatte. Von diesem ausgezeichneten Menschen, der aber so orthodox eingestellt war, daß er mit seiner Familie im schönsten Sinne gedanklich ein Leben mit dem dreieinigen Gott zusammen führte, bekam ich die Antwort: «Du mußt nicht denken, du mußt glauben!» – Wozu hatte mir Gott dann aber die Gabe des Denkens gegeben? Ich sah mich wieder allein. Um noch tieferen Einblick in die von Strauß vertretene Gedankenwelt zu bekommen, holte ich mir nach und nach alle Bücher, die auf dem Schlußblatt des jeweils gelesenen Buches erwähnt waren, anfangend mit Büchners «Kraft und Stoff», mit Darwin und aufhörend mit Kants «Kritik der reinen Vernunft». – Diese Kritik der reinen Vernunft brachte mich ganz aus der Fassung, weil mir die Sprache durch die vielen lateinischen und griechischen Wörter zu unverständlich war. Ich überlegte, wie ich mir wohl besseres Wissen in den beiden Sprachen aneignen könne, und ging wieder in die Emdener Buchhandlung zum Suchen. Da mein Vater in Geldfragen sehr großzügig war, konnte ich mir ungehindert Bücher

Als «höhere Tochter» in Berlin, 1890

kaufen. Am Ende des Jahres kam, wie das damals üblich war, die Gesamtrechnung. Die ging bei uns reihum, damit jeder bezeichnete, was er gekauft hatte. Stimmte die Aufstellung, d. h. hatte jedes Buch seinen Käufer gefunden, wurde die Rechnung unbesehen bezahlt. Wäre der Vater engherzig gewesen, so wäre ich wahrscheinlich der Leihbücherei verfallen und in andere Bahnen geraten. Darum sehe ich in dieser seiner Art eine große Schicksalshilfe für meinen Lebensweg.

– – – «Was wir wollen»

Ausgesprochen schicksalhaft gestaltete sich der erneute Gang in die Buchhandlung. Als ich in meiner Verzweiflung über Kant nach Hilfsbüchern zu seinem Verständnis suchte, fand ich dort das erste Heft von Helene Langes «Die Frau». Der Titel interessierte mich. Ich schlug das Heft auf und las an erster Stelle einen Aufsatz «Was wir wollen» über die Ziele der Frauenbewegung. Wie ein Blitz schlugen die Gedanken bei mir ein. Es hatte mir niemand von dergleichen jemals gesprochen, aber unbewußt hatten wohl gleichgerichtete Vorstellungen tiefinnerst in mir gelebt. So war ich immer in Opposition gegen die Brüder gewesen, für deren Ausbildung der Vater alles tat und die trotzdem mit Grimm von der «Penne» sprachen, an der sie lernen konnten. Empört hatte es mich auch je und je, wenn die dummen Jungen taten, als ob sie aus höherer Bestimmung heraus alles besser könnten als wir Mädchen. Aber mir war nie der Gedanke gekommen, daß diese herrschende Anschauung von der Superiorität des Mannes *falsch* sein könnte. Stehenden Fußes blätterte ich das Heft weiter durch und fand hinten eine kleine Notiz, daß Helene Lange «Gymnasialkurse für

Frauen» eingerichtet habe. Mit dem Lesen dieser Notiz entstand bei mir der Plan, daß ich diese Kurse besuchen und dann Ärztin werden wolle. Von ihm bin ich nicht wieder abgewichen. Ich habe geradlinig gekämpft und gestrebt, bis ich in Berlin Schülerin war, und habe ebenso geradlinig mein Studium absolviert und bis zum heutigen Tage in meiner ärztlichen Tätigkeit das Motto gehabt, zeigen, daß die Frau etwas *kann*, daß sie Besonderes kann. Anderes als der Mann, und zwar ergänzend das, was ihm versagt ist.

Nun aber der Kampf! – Zunächst mußte die Erlaubnis des Vaters eingeholt werden. Die Geschwister stimmten mir gleich zu, als ich von meiner Absicht sprach. Die Brüder taten es allerdings mit dem Hinweis, daß ich bald genug haben würde von dem «Pennal». – Nach einem Kirchgang aller Kinder mit dem Vater, dem sich nach ostfriesischer Sitte zu Hause eine behagliche Kaffeestunde anschließt, nahm ich all meinen Mut zusammen und trug meinem Vater meinen Wunsch vor. Die Antwort war – ein Witz aus den «Fliegenden Blättern» über Frauenemanzipation, den er mir vorlas. Das erschütterte mich dermaßen, daß ich vor Erregung weinte, und dieses Weinen wiederum veranlaßte den Vater zu der Erklärung, «daß ich für solch Unterfangen viel zu nervös sei».

Was nun weiter? Noch einmal fragen wäre vergeblich gewesen. So schrieb ich an Helene Lange, schilderte ihr meine Situation und bat um Rat. Die Antwort kam rasch. Ich möge meine Schulkenntnisse auffrischen und durch konsequentes Arbeiten dem Vater zeigen, daß es mir ernst sei.

Diesen Ratschlag habe ich befolgt. Ich habe intensiv gearbeitet und mich dazu so sehr auf mein Zimmer zurückgezogen, daß es dem Vater auffiel. Nach einiger Zeit kam er zu mir herauf und fragte, was ich treibe, äußerte aber weder Zustimmung noch Mißbilligung. – Als er allmählich öfter kam, merkte ich, daß er anfing, sich mit meinem Studium oder wenigstens mit dem Gedanken daran vertraut zu machen. Indes nahm er Rücksprache mit dem Verwandtenkreis, mit den Onkeln und Tanten, die allesamt entsetzt waren und abrieten. Es sei Abenteuersucht von mir, meinten die einen, die anderen sprachen von Hysterie, und alle waren der Ansicht, daß es unter keinen Umständen angängig sei, ein so junges Mädchen allein in die Welt hinauszuschikken. Durch solche Äußerungen wurde der Vater immer wieder wankend. Nur als der Pastor aus dem Dorf kam und ihm vorhielt, er könne doch seine Tochter nicht nach Berlin schicken, in dieses «Sündenbabel», da hat er lachen müssen, um so mehr, als der Pastor auf seine Frage zugeben mußte, daß er selbst Berlin nicht kenne. Mein Vater war ein hochintelligenter Mensch und aufgeschlossen für neue Ideen. Wie er mir später gesagt hat, beschwerte ihn zur Hauptsache der Gedanke, ob er im Sinne der verstorbenen Mutter handele, wenn er mir den Willen lasse.

Ein volles halbes Jahr währte dieses Hin und Her. Zwischendurch kam noch jemand mit einer Zeitungsnotiz, daß die Sache mit den «Gymnasialkursen für Frauen», die eine «Helene Lange» eingerichtet habe, Schwindel sei. Als dann die Zeit des Schulbeginns näher rückte und ich eine Entscheidung haben mußte, habe ich mit Aufbietung aller Energie dem Vater erklärt, daß ich zum Herbst definitiv auf die Kurse gehen würde, ob er einverstanden sei oder nicht, und daß ich zur finanziellen Durchführung mein mütterliches Erbe verlangen würde, wenn er selbst mich nicht unterstützen wolle. Ich war inzwischen mündig geworden. Diese Festigkeit, die angesichts des damals starken Respektverhältnisses zwischen Eltern und Kindern doppelt wog, hat ihn besiegt. Er gab sein Einverständnis mit den Worten: «Ich lasse dich gehen, aber schweren Herzens. Du sollst mir

nie in deinem Leben einen Vorwurf machen, daß ich es
tue!»

Leider hat er das Fertigwerden nicht mehr erlebt. Er starb,
als ich anderthalb Jahre Schülerin der Kurse war. Ich wurde
an sein Sterbelager gerufen. Er wollte dringend noch mit
mir sprechen, konnte aber keine Worte mehr finden und
wurde dann bald bewußtlos. Im Laufe der einundeinhalb
Jahre hat er aber starken Anteil an meiner Arbeit genommen, viel Freude daran gehabt und an mein ernstes Streben
zu glauben gelernt. Einige Zeit vor seinem Tode hat er mir
bekannt, daß er zu der Überzeugung von der Notwendigkeit von Ärztinnen gekommen sei, denn rückblickend entsinne er sich aus seiner Praxis doch mancher Situation, in
der eine Frau besser am Platz gewesen wäre als ein Mann.

− − − Gymnasialkurs bei Helene Lange

Nun Berlin! − Zunächst der Antrittsbesuch bei Helene
Lange. Als ungewandtes Landkind empfand ich den sehr
aufregend. Ich bin vor dem Hause in der Derfflingerstraße,
in dem sie wohnte, mehrere Male auf und ab gegangen, um
Mut zu sammeln. Helene Lange sollte ja Schicksal für mich
werden; sie konnte meine ganze Begeisterung niederschla-
gen, wenn sie mich für zu dumm erklärte. Schließlich ging
ich mit heftigem Herzklopfen die Treppe hinauf und
schellte. Eine Schülerin öffnete mir, Fräulein Anni Mittel-
staedt, ein reizendes junges Mädchen, dessen Charme ich in
all meiner Not noch wahrnahm, und führte mich zu Fräulein Lange. Was dann bei der ersten Begrüßung zwischen
uns gesprochen worden ist, habe ich vor lauter Erregung
nicht behalten; ich empfand nur neben dem Hoheitsvollen
sofort das Gütige in ihrem Wesen und war sehr beglückt

über die weitere Entdeckung, daß sie als Oldenburgerin eine Landsmännin von mir sei und Plattdeutsch spreche. Ein Ausspruch von ihr, wie er typisch für sie war, ist mir in der Erinnerung geblieben. Als ich sie fragte, was ich für die von ihr angekündigte Vorprüfung mitzubringen habe, antwortete sie lakonisch: «Nur Ihren Kopf.» Und in dem armen Kopf war so wenig drin! – Mit meinen damaligen Kenntnissen aus der höheren Provinztöchterschule konnte ich keine besondere Ehre einlegen. Die anderen Prüflinge allerdings mit den ihren anscheinend auch nicht, denn nach beendeter Prüfung erklärte Helene Lange uns elf Anwärterinnen, wir wüßten so wenig, daß sie uns entweder alle wegschicken oder alle annehmen müsse im Vertrauen darauf, daß wir fleißig sein würden. Wir blieben alle; aber von den elf Schülerinnen haben nur zwei durchgehalten: Thekla Freytag, Berlin und ich. Den anderen ist die Arbeit im Laufe der Zeit zu schwer geworden und vor allem auch der mit ihr verbundene Verzicht auf das damals in Blüte stehende Gesellschaftsleben mit seinen Bällen und sonstigen Vergnügungen. Im 2. Jahr kamen noch zwei andere Schülerinnen hinzu und hielten mit uns durch: Frida Busch aus Bonn und Clara Bender aus Breslau. – Wie haben wir gearbeitet! Zur Zeit, in der dies alles spielte, hielt man die Frau ernsthaft für geistig minderwertig. Nach der Theorie eines Professors Bischof sei ihr Gehirn zu klein und im Gewicht zu leicht, wobei ein Männerhirn als Norm hingestellt wurde. Daß es nicht auf die Größe und Gewicht des Gehirns ankommt, sondern auf die feinere Ausbildung der verschiedenen Gehirnwindungen, wurde erst einige Jahre später gelehrt. – Interessanterweise hat das Gehirn des Professors selbst, als es nach seinem Tode untersucht wurde, an Größe und Gewicht nicht dem Durchschnitt des Männerhirns entsprochen, sondern knapp dem des Frauenhirns, womit seine Theorie von ihm selbst ad absurdum geführt worden ist.

Auf Grund dieses Glaubens an das zu kleine Gehirn aber stritt man uns Mädchen damals glatt jede Fähigkeit ab, Mathematik, Latein und Griechisch begreifen zu können. Helene Lange erzählte, daß ein ihr bekannter Justizrat sich gebogen habe vor Lachen, als sie ihm über ihren Plan berichtete, Gymnasialkurse für Frauen zu errichten. Auf ihren Einwand hin, daß sie persönlich sich die Gymnasialkenntnisse doch autodidaktisch erworben habe, sei der übliche Hinweis erfolgt auf die «Ausnahme von der Regel». – Trotz dieser allgemeinen Einstellung strebten wir Schülerinnen alle dem humanistischen Abitur zu! – Wir älteren Kursteilnehmerinnen, die wir nicht mehr kindhaft in den Tag hineinlebten, wurden aber von solchen Behauptungen doch beeindruckt. Sie erschütterten immer wieder unser Selbstvertrauen, das eben anfing, sich zu heben.

An jedes neue Fach bin ich mit Sorge herangegangen, ob es zu bewältigen sein würde. Es gab auch im ersten Jahr Augenblicke, in denen ich über meine schlechte Vorbildung verzweifeln wollte, weil ich neben dem Neuen noch so viel nachholen mußte, was die Städterinnen von ihren besseren Schulen mitgebracht hatten. Ein Blick auf Helene Lange half mir aber rasch über solche Zeiten hinweg. Von ihr strömte eine Kraft und eine so selbstverständliche Sicherheit aus, daß ich mich meines Kleinmutes schämte und frisch wieder weiterarbeitete. Wie sich bald herausstellte, waren wir alle in Mathematik und alten Sprachen gut. Thekla Freytag, eine Enkelin des bekannten Botanikers Schleiden, zeigte für Mathematik sogar eine ganz besondere Begabung.

Helene Lange hatte die ihr erreichbaren besten Lehrkräfte für uns geworben, weil sie wußte, daß man uns scharf prü-

Helene Lange

fen würde. Sie bestand auf einer gründlichen Ausbildung. Einer unserer Lehrer, Professor Dr. Corssen, der die Arbeit an uns in der Absicht übernommen hatte, uns zu zeigen, daß Frauen diese Fächer nicht bewältigen *könnten* und deshalb aufhören müßten, hat mir später zugegeben, wir seien die besten Schüler gewesen, die er in langjähriger Lehrtätigkeit erlebt habe. Wir arbeiteten aber gegebenenfalls auch bis nachts 3 Uhr und länger. Als Helene Lange in ihrer Sorge um uns eines Tages fragte, wer nachts mit Kaffee arbeite, konnte niemand nein sagen. Ihre weitere Erfahrungsfrage: «Aber doch wohl nicht mit kalten Fußbädern dabei?»

merkte sich unsere jüngste Klassenkameradin und machte in der folgenden Nacht einen Versuch damit. Glücklicherweise ist sie gesund geblieben.

Wir brauchten dreiundeinhalb Jahre für die Vorbereitung. Im Frühjahr 1898 waren wir fertig mit dem Pensum. Wir hatten die Ilias von A bis Z ohne Auslassung des kleinsten Teiles zweimal gelesen; wir schnurrten Horazische Oden herunter, wenn man uns Buch und Nummer nannte, und waren in Mathematik so geübt, daß uns die Inhaltsberechnungen des Heptakododekaeders – eine unserer Examensfragen – keine Schwierigkeiten mehr machten. Wegen der übrigen Fächer hatten wir keine Sorge.

Aber nun kam ein neues Hindernis. Die Behörden waren auch noch nicht zu dem Glauben an die geistigen Fähigkeiten der Frauen durchgedrungen und hatten ihnen deshalb die Zulassung zu den Prüfungen nicht freigegeben. – Im Gegenteil: weil sich an das Reifezeugnis konsequenterweise die Erlaubnis zum Universitätsstudium knüpfen mußte, gab es große Diskussionen über die Gefahr des Frauenstudiums. Die Herren Abgeordneten fürchteten für die Familie, weil sie der Meinung waren, daß die Frau durch geistige Beschäftigung ihre «Mutterfähigkeit» verliere, und sie fürchteten weiter für die Sittlichkeit. Helene Lange schrieb geharnischte Broschüren gegen diese Reden, Broschüren, die erheblich geistreicher waren als die Auslassungen der Herren! – Ein Gesetz gegen uns wurde zum Glück nicht ausgearbeitet; so bombardierten wir weiter mit Petitionen. Jede von uns richtete eine besondere Eingabe an das Kultusministerium, das Abiturientenexamen ablegen zu dürfen. Dank dem damaligen großdenkenden Ministerialbeamten Althoff wurden die Anträge tatsächlich bewilligt. So gingen aus unserer Klasse, der 3. des Kursus, vier Schülerinnen in das Examen. Wir legten es im Luisenstädtischen Gymnasium in Moabit vor ausschließlich fremden Lehrern ab, von denen nur einer, der Schulrat Pilger, wohlwollend war. Man verlangte von uns an fünf aufeinanderfolgenden Tagen fünf schriftliche Arbeiten in Mathematik, Latein, Griechisch, Deutsch und Französisch. Vier Wochen später folgte die mündliche Prüfung an einem einzigen Tage, aber von morgens 9 Uhr bis abends 7 Uhr mit nur einer Stunde Mittagspause; dies, obgleich die schriftlichen Arbeiten so ausgefallen waren, daß wir normalerweise von der mündlichen Prüfung hätten dispensiert werden müssen. In Erinnerung geblieben ist mir ein besonderes Glück beim Aufsatz und Pech im Mündlichen bei der Religion. Wir hatten das Aufsatzthema bekommen: «Zu welchem Zweck lernen wir fremde Sprachen?» Hier fiel mir ein von meinem Vater oft angeführtes holländisches Sprichwort ein: «De taal is de zeel von het volk». Weil das ausgezeichnet in das Thema hineinpaßte, wandte ich es an. Und das hatte zusammen mit meinem holländischen Namen den überraschenden Erfolg, daß die Examinatoren mich für eine Holländerin hielten und mir von diesem Standpunkt aus ein besonders gutes Prädikat gaben. Ich merkte diese Annahme später bei der Geschichtsprüfung, wo man mich nach der richtigen Aussprache von Rijswijk fragte.

Pech aber hatte ich bei der Prüfung in Religion. Da gab es zunächst eine Frage nach der Gerechtigkeitsidee im Buche Hiob, die ich voll beherrschte, weil sie mich interessiert hatte; auch die Art der Anlehnung des Liedes «Befiehl du deine Wege» an den Bibelspruch «Befiehl dem Herrn deine Wege» war mir geläufig – aber dann sollte ich das ganze Lied aufsagen. Den 1. Vers konnte ich, beim 2. haperte es sehr, und der 3. mißlang total. «Gut», meinte der Prüfer, «das Lied ist Ihnen nicht ganz gegenwärtig, nehmen wir deshalb ein anderes, zum Beispiel: ‹Ein feste Burg ist unser

Hermine Edenhuizen, Frida Busch, Clara Bender, Thekla Freytag (v. li.), 1898

Gott›.» Doch mit diesem Choral erging es mir ebenso. Da griff der Schulrat ein und meinte, ich würde wohl das Lied «Aus tiefer Not schrei ich zu dir» besser können. Davon brachte ich aber nur die ersten beiden Zeilen heraus, dann saß ich hoffnungslos fest. Es schwirrten in meinem Kopf lutherische, reformierte und unierte Lieder durcheinander und machten mich vollkommen unsicher. So gab es denn in Religion nur ein «knappes gut».

In der Mittagspause war Helene Lange bei uns. Sie hatte für körperliche Erfrischungen vorgesorgt, und wir holten sie in dieser Zeit geistig schnell noch aus mit unendlichen Fragen für die noch bevorstehenden Fächer. Ich glaube, Helene Lange hat sich damals um den Ausgang des Examens reichlich so gesorgt wie wir Schülerinnen. Hatten wir nur unsere Kenntnisse zu beweisen, so hatte sie den Beweis zu führen, daß ihr Glaube an die geistigen Fähigkeiten der Frau im allgemeinen, den sie mit der Gründung der Gymnasialkurse für Frauen herausgestellt hatte, berechtigt sei.

Um 7 Uhr waren wir fertig und erfuhren dann bald, daß wir alle bestanden hatten, und zwar mit «gut»! – Mit dieser Nachricht fuhr ich per Droschke I. Klasse unmittelbar zu Helene Lange und werde nie vergessen, wie sie bei meinem Kommen oben von der 3. Etage herunterrief: «Seid ihr durch?» – Mein Ja ist ihr ein persönliches Glückserleben gewesen.

Mit dem bestandenen Abitur, das damals als Besonderheit mit Angabe der einzelnen Namen in allen Tageszeitungen veröffentlicht wurde, hatte ich in meiner Heimat die letzten Zweifler im Verwandtenkreis besiegt. Während ich in Emden sonst den Weg vom Bahnhof zu dem dort wohnenden Onkel zu Fuß zurücklegen mußte, wurde ich jetzt feierlich im Zweispännerjagdwagen von ihm persönlich abgeholt. Die übrigen Verwandten empfingen mich entsprechend. Den «Babelpastoren» habe ich leider nicht wiedergesehen, weil unser Elternhaus im Heimatort inzwischen aufgelöst war.

Offen standen uns die Tore noch nicht. 1898 wurden die Frauen noch nicht immatrikuliert. Wir wurden nur als «Gasthörerinnen» geduldet. Den Gasthörern aber lag es ob, jeden Dozenten persönlich um Erlaubnis zu bitten, seine Vorlesung hören zu dürfen, womit die Möglichkeit gegeben war, daß wir bei unfreundlicher Einstellung *aller* Dozenten von einer Universität ganz ausgeschlossen werden konnten. In diesem Kampf dirigierte wieder Helene Lange, die in Wort und Schrift intensiv und packend für die Notwendigkeit geistiger Ausbildung der Frauen kämpfte. Sie war damals Vorsitzende des von ihr gegründeten Allgemeinen deutschen Frauenvereins, den ich, sooft ich Zeit hatte, besuchte, weil es für mich Landkind immer wieder ein unerhörtes Erleben war, eine Frau mit solcher Sicherheit öffentlich auftreten zu sehen und sie vollkommen frei und treffsicher reden zu hören. Innerlich erhoben und mit neuem Mut für meine dagegen kleine, bescheidene Aufgabe, als Arzt am einzelnen Menschen in der Stille zu wirken, verließ ich jedesmal diese Zusammenkünfte. So hat Helene Lange bei meinem Werdegang unablässig bewußt und unbewußt auf mich eingewirkt. Sie veranlaßte mich zunächst, zu dem Anatomieprofessor Waldeyer zu gehen und ihn für alle Berliner Medizinstudentinnen um Zulassung zu seinen Vorlesungen und zur Anatomie zu bitten. Ich suchte den Geheimrat in seiner Wohnung auf und wurde nicht sehr liebenswürdig von ihm empfangen. Als ich mein Begehr vorgetragen hatte, erklärte er rundheraus, er könne uns nicht zulassen, da er nicht für das Benehmen der Studenten einstehen könne. Dagegen wandte ich – ahnungslos noch – ein, daß doch das Verhalten der Studenten von unserem eigenen Betragen abhinge, wie das in jeder

Gesellschaft der Fall ist. Weil er sich diesem Argument nicht verschließen konnte, brummte er dann ja, er möge aber selbst keine Vorträge vor Damen und Herren halten» – womit er sein Zugeständnis an die damals noch herrschende Prüderie machte, gegen das sich nichts sagen ließ. Unverrichteter Sache ging ich fort.

Die große Prüderie, von der sich sogar der Geheimrat nicht freimachen konnte, hat uns selbst, die wir als junge Mädchen ganz unter ihrer Herrschaft aufgewachsen waren, das Medizinstudium im Anfang nicht wenig erschwert. Die heutige Welt wird kaum verstehen, daß junge Mädchen einstmals Worte wie «männlich», «weiblich», «unehelich», «Geburt» und alles, was das sexuelle Gebiet nur entfernt streifte, nicht hören und aussprechen konnten, ohne vor Scham rot zu werden. So bin ich denn die ersten Semester in den Anatomiekollegs jedesmal tief errötet, wenn von «weiblichen» Becken und anderen «weiblichen» Organen die Rede war. Es war ungeheuer peinlich für uns Einzelwesen unter so viel Männern und verminderte die mitgebrachten Hemmungen nicht; sie mußten aber tapfer niedergekämpft werden.

Im ersten Semester half uns der junge Professor Hans Virchow aus der Schwierigkeit heraus. Er ließ uns teilnehmen an seinen Vorlesungen über Knochen- und Bänderlehre. Auch Professor Hertwig ließ uns zu seiner Vorlesung über Histologie zu. Physiker, Chemiker, Botaniker und Zoologen machten keine Schwierigkeiten. – Zu meinem großen Bedauern ging Frida Busch, mit der ich bisher viel zusammengearbeitet hatte, für das erste, schwierige Semester nach Zürich, wo das Studium der Frauen schon Gewohnheit geworden war. Ich selbst konnte aus Familienrücksichten nicht aus Berlin fort, so gern ich ihr gefolgt wäre. So mußte ich denn mit einer mir fernstehenden Studentin den schweren Anfang in Berlin machen. Das Unglück wollte, daß wir beide als erste Berliner Medizinstudentinnen stets an «Müller-und-Schulze-Figuren» erinnerten, wie sie der «Kladderadatsch» zu dieser Zeit brachte. Ich war groß, schlank und blond und meine Gefährtin dunkel und klein. Das forderte fraglos die Spottlust der dreihundert Studenten noch mehr heraus, als sie ohnehin schon den Studentinnen gegenüber lebendig war. Erschwerend kam hinzu, daß, wie ich hörte, die Berliner Studenten von jeher nicht viel Wert auf gute Formen gelegt hatten, während wir jungen Mädchen besonders stark auf sie eingestellt waren.

Der nette kameradschaftliche Ton zwischen Student und Studentin, wie er heute herrscht, wäre damals nicht möglich gewesen, denn die männlichen Studenten kamen uns ja nicht als Kameraden entgegen, sondern als Feinde, die sich gegen verächtliche Eindringlinge wehrten. Von unserer Seite kam dagegen nur ein Abstandhalten in Frage, das in der Folge dann wieder als Hochmut ausgelegt wurde. – Wir armen zwei Einzelgänger unter den dreihundert Männern hochmütig! Wir mischten uns ja nur mit Grausen unter sie, die bei unserem Eintritt in den Vorlesungsraum als Äußerung ihrer Mißbilligung regelmäßig mit den Füßen scharrten und dazu pfiffen. Zum ersten Kolleg kamen wir so früh, daß möglichst noch kein Student anwesend war. Aber bei den folgenden war es nicht zu vermeiden, daß wir eintraten, wenn das Auditorium halb oder ganz gefüllt war. Ein Platzgedränge wie heute gab es damals glücklicherweise nicht, sonst hätte man uns sicher mit Brachialgewalt ganz hinausgedrängt. Wir hatten im Gegenteil jeder seinen bestimmten Platz, den wir mit unseren Visitenkarten kennzeichneten. Unter Scharren und Tuscheln mußten wir uns den Weg bahnen. Den jungen Herren wurde dieser Tumult das ganze Semester hindurch nicht langweilig. Sie erlaubten sich im Gegenteil noch einen Extraspaß, indem sie taktlose Witze auf unsere Visitenkarte schrieben. Anfangs haben wir dann die Karte gegen eine neue ausgetauscht; weil das allmählich aber zu viele wurden, ließen wir schließlich alles stehen. Den Höhepunkt erreichte das Ganze, als in Vertretung seines Chefs auch ein Assistent uns nach unseren Begriffen verhöhnte. Er ließ gelegentlich eines Wasserstoffsuperoxid-Experiments spöttisch die dabei entfärbten Rosen durch den Diener den «Rosen des Auditoriums» überreichen. Damals habe ich als steife Ostfriesin, die noch nicht Humor genug hatte, trotz meiner Begeisterung den Mut zur Weiterarbeit fast verloren; von diesen Berliner Kollegerlebnissen her ist mir heute noch ein Widerwille gegen jede Teilnahme an Versammlungen von Männern geblieben.

– – – Geschwisterschicksale

In diesem Herbst 1898 durchlebte ich eine schwere Krise. Zu der Verzweiflung und Mutlosigkeit wegen der Kollegschwierigkeiten kam eine starke seelische Erschütterung durch den Selbstmord unseres 23jährigen Bruders. Rückschauend ist uns Geschwistern verständlich geworden, daß diese Tat dem Boden einer doch schon krankhaften Depression entsprang. Damals standen wir elternlose junge Menschen dem Ereignis fassungslos gegenüber. Auf Wunsch des Vaters hatte der Bruder auch Medizin studiert, obgleich er lieber Offizier geworden wäre, und diente nach absolviertem Physikum in Berlin bei der Garde sein Halbjahr als Einjähriger ab. Mit Begeisterung war er eingetreten, um sehr bald schon mehr und mehr enttäuscht zu werden. Auf Grund seiner nervösen Erregbarkeit hat er den schweren

Drill nicht ertragen und ist von einem rohen Unteroffizier in verständnisloser Weise bis zur Unerträglichkeit gequält worden. Ich entsinne mich, daß er eines Tages nach Hause kam und die jüngste Schwester, die ihn zärtlich begrüßen wollte, mit den Worten abwehrte: «Ihr müßt nicht lieb zu mir sein, wir werden nicht wie Menschen, wir werden wie Tiere behandelt.» Meinen Vorschlag, den betreffenden Unteroffizier durch ein Geldgeschenk milder zu stimmen, lehnte er schroff ab und äußerte: «Ich will behandelt werden, wie ich es verdiene!» – Nun waren wir Geschwister alle noch zu jung, um seinen Zustand zu erkennen, und waren auch alle zu sehr mit unseren eigenen Problemen beschäftigt, um auf ihn achtzugeben. In der Nacht nach seiner Entlassung, als die ganze Tortur für ihn vorbei war, hat er mit dem Revolver des Vaters seinem Leben ein Ende gemacht. Ich hörte den Schuß und fand ihn. Auf dem Tisch lag ein Zettel mit den Worten: «Ich kann nicht mehr leben, ich habe Euch alle lieb und Gott beschütze Euch!» Über seine Wangen rannen noch Tränen.

Wir wollten ihn in der Gruft der Eltern in Ostfriesland beisetzen lassen. Es fand sich aber dort – für uns unerwartet – kein Geistlicher, der an dem Sarge eines «Selbstmörders» sprechen wollte. Sogar der Pastor, der ihn unterrichtet hatte und aus Kenntnis seiner Erregbarkeit heraus sich über die Tat nicht wunderte, konnte sich nicht dazu entschließen. Durch Vermittlung von Freunden nahm sich ein fremder Geistlicher unserer an, reiste mit und sprach bei seiner Bestattung in Zivil.

Diese Härte der Kirchenvorschriften hat mich schwer getroffen und ist der erste Anstoß gewesen zu meinem späteren Austritt aus der Kirche. Religion ist mir identisch mit Liebe, Güte und Verstehen. Eine Organisation mit solcher blinden Härte kann das Alte Testament mit dem rächenden

Gott der Juden vertreten, aber nicht die Lehre Christi von Liebe und Erbarmen.

Helene Lange, die wieder eingriff, riet jetzt dringend, das kommende Wintersemester mit Frida Busch in Zürich zu verleben, um mit Hilfe anderer Eindrücke die seelischen Erschütterungen zu überwinden. Dem stand zunächst die schwere Depression einer Schwester, die sich an mich klammerte, im Wege. Wir konsultierten ihretwegen eine bekannte Berliner Ärztin, die dann die Lösung fand. Sie war der Meinung, daß auch diese Schwester, die bisher den Haushalt geführt hatte, sich eine Berufsausbildung aneignen müsse, und schickte sie in die damals neu eingerichtete Gartenbauschule in Marienfelde, wo sie langsam zur Ruhe kam. Weil die drei übrigen Geschwister teils Schulen in anderen Städten besuchten und teils studierten, lösten wir den gemeinsamen Haushalt in Berlin auf und gingen jeder seiner Wege. Es war uns damals nicht bewußt, daß wir mit diesem örtlichen Auseinandergehen langsam, aber sicher auch den bisher so starken inneren Zusammenhang verlieren würden. Wir wurden alle heimatlos.

Das war am schwersten für die beiden jüngsten Geschwister, die 18jährige Gymnasiastin in Hannover und den 20jährigen Studenten in Kiel. Die waren nun, wie wir alle, auf ein Leben in Pensionen angewiesen und auf gemeinsame Reisen oder Verwandtenbesuche in den Ferien. Wie sehr gerade diese beiden darunter gelitten haben, zeigt ihr Schicksal. – Der Bruder wurde mit langer, guter Ausbildung ein anerkannter Chirurg, galt aber als Sonderling. Er zog 1914 gesund und frisch mit der Kluckarmee in den Krieg und kam 1919 mit den allerletzten als *alter* Mann zurück. In den fünf Kriegsjahren hatte er nur zweimal Urlaub genommen, weil er kein Zuhause hatte, das ihn von der Arbeit fortzog; und bei seiner Arbeit im Feldlazarett hatte es ihn zu schwer belastet, daß er bei der Auswahl der vielen Leibschüsse, von denen die schnell operierten Fälle die bessere Aussicht auf Heilung hatten, «Schicksal» spielen mußte. Er erkrankte früh an Arteriosklerose, mußte deshalb vorzeitig den Beruf aufgeben und starb im Alter von 70 Jahren. Vier Wochen vor seinem Tode hat er mir gesagt, er habe in seinem Leben die Mutter so schwer entbehrt; ich glaube, er meinte das «Zuhause», weil er die Mutter mit Bewußtsein nicht gekannt hatte.

Die 18jährige Schwester war von klein auf «schwierig», dabei hochintelligent. Wir Schwestern, die wir sie erziehen mußten, erkannten ihre Art nicht als krankhaft. Wir redeten ihr zu, trösteten sie, verwöhnten sie und standen im übrigen ratlos bei ihren strömenden Tränen und Selbstverkleinerungen. Nur in einem Punkt waren wir Geschwister konsequent und einig: wir haben sie dauernd angehalten zum Arbeiten – als einziges Mittel gegen die unselige Gemütsbelastung der Familie. Sie absolvierte das humanistische Abitur, studierte Medizin, war mehrere Jahre Assistentin und ließ sich dann als Kinderärztin nieder. Aber in der Praxis versagte sie auf Grund ihrer Entschlußschwierigkeiten; sie machte keine Krankenbesuche, ging nicht zu fremden Menschen. Im Alter von bald 50 Jahren brach eine deutliche Schizophrenie bei ihr aus, die sie an Sanatorium und Pflegerin fesselte. Sechzigjährig starb sie an Speiseröhrenkrebs. An ihrem Grabe haben mein Bruder und ich gemeint, sie hätte besser nicht gelebt, weil ihr Leben nur Leiden war.

– – – Semester in Zürich

In Zürich fand ich im Vergleich zu Berlin ein fast gegensätzliches Bild auf der Universität. Die Studentinnen brauchten dort wegen ihrer Zulassung zum Kolleg nicht persönlich um Erlaubnis zu bitten, sondern wurden immatrikuliert wie die männlichen Studenten. Dann hörten seinerzeit der Zahl nach mehr Frauen als Männer. Die meisten waren Russinnen, die vielfach aus politischen Gründen aus Rußland ausgewiesen waren. Kleine, untersetzte Menschen, die viel und sehr erregt debattierten und teilweise recht nachlässig angezogen waren. Ich bin mit ihnen nicht näher in Berührung gekommen. – Ein nur kleiner Prozentsatz der Studentinnen waren Schweizerinnen, ein erheblicher waren Deutsche, die das Schweizer Abitur gemacht hatten und damit in Deutschland zum Studium nicht zugelassen wurden.

Studenten und Studentinnen waren aneinander gewöhnt und arbeiteten friedlich nebeneinander. Kein Scharren, kein Witzeln störte mehr. Der Schweizer Student ist nüchtern und sachlich eingestellt, ausschließlich darauf bedacht, etwas zu lernen. Im Präpariersaal, den ich hier das erste Mal besuchte, waren die Präparate an Männer und Frauen gleichmäßig verteilt, wie es der Zufall mit sich brachte, und ich habe nie anderes erfahren, als daß Studenten und Studentinnen sich gut bei der Arbeit vertrugen und sich gegenseitig halfen, wo es erforderlich war. Ab und zu machte sich hier schon eine kameradschaftliche Freundschaft bemerkbar. – Das alles wirkte befreiend. Ich atmete auf und fing mit neuem Mut wieder an zu arbeiten.

Die erste Leiche, vor der sich der Medizinstudent durchweg graut, hat mir keinen Eindruck gemacht; ich konnte ohne jedes Unbehagen an ihr arbeiten. Drückend aber empfand ich eine Lücke in Chemie. Die hatte ihren Grund in der Differenz des Deutschen und Schweizer Abiturs. Die Schweizer Abiturienten brachten erheblich mehr naturwissenschaftliche Kenntnisse mit als wir deutschen Humanisten, und auf sie waren die Vorlesungen eingestellt. Um die Lücke auszugleichen, nahm ich Nachhilfestunden bei Dr. Marie Baum, die damals Assistentin am chemischen Institut des Polytechnikums war. Dieser Unterricht hat mir so große Anregung gegeben, daß ich zwei Semester lang überlegte, ob ich nicht das Medizinstudium aufgeben und Chemie studieren solle. – Ich kam aber doch wieder zur Medizin zurück, weil mich die Arbeit am lebendigen Menschen lockte; und ich bin heute froh und dankbar, daß ich den Weg zurückgefunden habe.

In Zürich herrschte zu dieser Zeit unter den Studentinnen, die sich in einem Verein zusammengeschlossen hatten, ein sehr angeregtes Leben. Ich brauche nur Namen zu nennen wie Frida Duensing, Marie Baum, v. Üxküll, Morawitz und Moser … dazu die Dichterinnen Ricarda Huch und Ilse Frapan, die in Zürich lebten und starken Einfluß auf die deutschen Studentinnen ausübten. Das Buch von Ilse Frapan: «Wir Frauen haben kein Vaterland» hat uns außerordentlich tief beeindruckt und angefeuert. Von Ricarda Huch lasen wir «Ursleu der Jüngere», «Vita somnium breve» und «In der Triumphgasse».

Leider habe ich persönlich mich damals von dem ganzen Leben und Treiben etwas zurückgehalten, weil ich noch zu sehr mit Depressionen kämpfte. Ich war zur Hauptsache mit Frida Busch zusammen und mit dem ihr befreundeten jungen Physiologen Höber, der Assistent bei Professor Gaule war und sich besonders mit physikalischer Physiologie befaßte, auf welchem Gebiet er später Bahnbrechendes leistete und ein hervorragendes Lehrbuch schrieb. Wir drei unternahmen mitten im Winter wunderschöne Touren in die Umgebung. Unvergeßlich ist mir ein Tag in Brunnen am Vierwaldstätter See, wo wir am 21. Januar im schönsten Sonnenschein draußen zu Mittag aßen. Ebenso unvergeßlich ist mir auch die Antrittsvorlesung von Höber bei seiner Habilitation. Den innerlich bescheidenen Menschen überfiel vor dem vollen Auditorium eine so große Nervosität, daß er mit dem für eine Stunde berechneten Thema in knapp 20 Minuten fertig war. Höber bekam später einen Lehrstuhl in Kiel und von dort einen Ruf nach Amerika, dem er folgte.

Frida Busch und ich wohnten in der Plattenstraße bei einer älteren Schweizer Dame mit einem noch etwas betagteren Mädchen. Die beiden haben uns viel Liebes angetan, obwohl wir Deutschen zu dieser Zeit in der Schweiz schon nicht besonders gern gesehen werden. Frühstück und Abendbrot besorgten wir uns selbst, und mittags gingen wir hinunter in die Stadt in ein alkoholfreies Restaurant, «Kaiser Karl» genannt. Der Kampf gegen den Alkohol spielte gerade eine große Rolle in der ganzen Schweiz und speziell in Zürich, wo der bekannte Psychiater Professor Bleuler sich an ihm beteiligte. Er hatte festgestellt, daß von den Insassen der großen Züricher Irrenanstalt, Burghölzli, über 50% Opfer des Alkohols waren. Die Studentinnen machten den Kampf begeistert mit, sei es durch Bekennen zur Abstinenz, sei es mit Werbetätigkeit. Praktisch arbeiteten die Frauenvereine, indem sie alkoholfreie Restaurants wie «Kaiser Karl» einrichteten, alkoholfreie Hotels und als Ersatz für Wein- und Bierstuben Milchhallen.

Als Weihnachten herannahte, fuhr Frida Busch zu ihrer Mutter nach Bonn. Sie hatte mich mitnehmen wollen, aber ich war der Meinung, daß der Mensch sich aus seinen Seelennöten allein herausarbeiten müsse, und entschied mich deshalb dafür, in Zürich zurückzubleiben. Wege in die wunderschöne Umgebung brachten mich der Natur näher, die in ihrer Größe zum Einfügen in die Weltordnung mahnt. Indes war es am Heiligen Abend doch schwer, einsam und mit so vielen bedrängenden Gedanken sich selbst überlassen zu sein. Als ich draußen die Glocken läuten hörte, nahm ich meine Bücher vor und fing eifrig an zu arbeiten. Da plötzlich klopft es an die Tür, sie öffnet sich langsam, und herein kommt wie eine Himmelserscheinung ein kleiner Engel mit einem brennenden Lichterbaum! Unsere gute Wirtin war die Spenderin; sie hatte ein kleines Mädchen aus der Verwandtschaft festlich gekleidet und ein Bäumchen ganz nach deutscher Art geputzt, um mir Freude zu bringen. Das weitere Fest habe ich dann in ihrer Familie erlebt, wofür ich der inzwischen Verstorbenen noch heute dankbar bin.

– – – Kämpfe um das Medizinstudium

Von Weihnachten bis Ostern haben Frida Busch und ich noch viele schöne Ausflüge gemacht und daneben fleißig gearbeitet. Ostern mußten wir wieder nach Deutschland zurück, weil nur eine begrenzte Zahl von Auslandssemestern für das deutsche Examen angerechnet wurden. Wir wählten Halle. Dort studierten schon einige Medizinerinnen, die demnächst das Physikum machen wollten. Es waren das drei aus dem ersten Gymnasialkursus von Helene Lange und noch eine Studentin aus Sachsen, die sich privat vorbereitet hatte. Merkwürdigerweise hatte sich in der Bevölkerung ein starkes Vorurteil gegen die Studentinnen gebildet, ohne daß die vier sich bei ihrer geringen Zahl hätten besonders hervortun können. Es hielt schwer, als Studentin eine Wohnung zu bekommen. Ich bin nach angegebenen Adressen von Haus zu Haus gelaufen. Sobald ich mich als Studentin zu erkennen gab, wurde mir mit mehr oder weniger Höflichkeit erklärt, «studierende Frauen nehmen wir nicht auf». Manchmal wurde auch ohne Antwort die Tür vor mir zugeschlagen.

Weil die vier von unserem Kursus alle sehr ernst und einwandfrei waren, also niemand einen Anlaß gegeben hatte zu solchem Vorurteil, konnte das nur theoretisch sein, entstanden durch die Reden unserer Abgeordneten im Reichstag und durch Witze in den Zeitungen. – Das war nach Zürich eine bittere Erfahrung im Vaterland. Wir kamen schließlich bei einer Lokomotivführerfrau in einer Dreizimmerwohnung unter.

Auf der Universität selbst fing die mir von Berlin her bekannte Kalamität wieder an, daß wir jeden Dozenten persönlich um Zulassung bitten mußten. Der erste, an den wir herantraten, war der Anatom Professor Roux. Er unterzog uns einer regelrechten Prüfung in Physik, ehe er uns die Erlaubnis gab. Die übrigen Dozenten machten keine Schwierigkeiten. In diesem 3. Semester, einem Sommersemester, fiel der Präpariersaal aus, so daß wir etwas mehr freie Zeit hatten. Diese wollte ich für Geologiestudien benutzen, zu denen mir die Schichtung der Schweizer Berge Anregung gegeben hatte. Ich ging deswegen zu dem betreffenden Ordinarius, um mir die Hörerlaubnis zu holen. Auf mein Schellen öffnete mir die Hausfrau selbst die Tür und fragte nach meinem Begehr. Als ich dann bescheiden vorbrachte, daß ich den Herrn Professor um Zulassung zu seinem Kolleg bitten wollte, würdigte sie mich keiner Antwort, sondern schlug die Tür knallend vor mir zu. – Dieses im Jahr 1899!

Sonst nahmen die Arbeiten dieses Semesters einen guten

Anfang. Wir freuten uns schon, daß wir alle Hindernisse überwunden hatten und daß sich die Studenten vernünftig benahmen, als uns neue Angreifer die Ruhe störten. An Hand eines Zoologiebuches stellten wir fest, daß wir allnächtlich von Wanzen zerbissen wurden. Die Hauswirtin tat entsetzt, erklärte sich aber doch bereit, das Ungeziefer in den Pfingstferien ausräuchern zu lassen. Aus Mitleid mit ihr, die sonst ihre Zimmer unbesetzt hätte, blieben wir bis zum Ende des Semesters wohnen, obwohl wir nach dem Gesetz das Recht gehabt hätten, sofort auszuziehen. Diese Gutmütigkeit wirkte auf sie so begeisternd, daß sie uns von da an mit ernsthaften Anträgen verfolgte, ihren Sohn zu heiraten; bald wollte sie Frida Busch als Schwiegertochter, bald mich.

Nach solchen Erlebnissen sicherten wir uns für das folgende Semester, das schwerwiegende letzte vor dem Physikum, je ein Zimmer im sogenannten «Marthahaus»; das war eine von Diakonissen geleitete Anstalt, in der junge schulentlassene Mädchen zu guten Hausangestellten ausgebildet und allgemein erzogen wurden. Hier herrschten Sauberkeit und ein froher frischer Ton. Die Oberschwester wie auch die Haushaltsschwester hatten warmes Interesse für uns und halfen uns, wo sie nur konnten. Das hinderte aber nicht, daß wir bei konzentrierter Arbeit mehrmals hintereinander gestört wurden; das erste Mal durch Klopfen und Anfrage, ob man den Kaffee bringen dürfe, danach das zweite Mal, daß man den Kaffee bringe, das dritte Mal, daß man das Geschirr abräumen wolle, und das vierte Mal endlich, ob man auch nicht gestört hätte. Manchmal kam das fünfte Mal dann noch die Schwester selbst, um sich zu erkundigen, ob das Mädchen auch leise gewesen sei. – Mit Humor erträgt sich alles, aber wir wurden nolens volens zu Nachtarbeit getrieben, um genügend Ruhe zu haben. Die Oberschwester wurde in den Kommunisten-Kämpfen nach 1919 auf der Straße erschossen, als sie trotz Verbots im festen Vertrauen auf göttlichen Schutz zum Gottesdienst ging.

Endlich nahte der Tag des Examens, zu dem wir auch, wie zum Abitur, eine Extraeingabe an das Ministerium hatten richten müssen. Das Physikum wurde damals öffentlich abgehalten, d. h., zu dem Prüfungssaal hatten alle Interessenten freien Zutritt. Bei Prüfung von Frauen war der Raum begreiflicherweise überfüllt. Wir vier Kandidaten, zwei männliche und zwei weibliche, saßen an einem Tisch zusammen mit dem Examinator, der je nach dem Fach wechselte. Dicht hinter unseren Stühlen standen die Zuschauer. Unsere beiden Kommilitonen waren nicht die fleißigsten gewesen. Obgleich sie später Tüchtiges geleistet haben, wußten sie bei dem Examen nichts und machten es uns dadurch leicht. Wir erwarben uns unsere 1 allein schon durch das Beantworten der Fragen, bei denen sie versagten. Im übrigen ist es bei Prüfungen immer dasselbe: der Examinator will sich zur Hauptsache vergewissern, ob der Examinand einen Überblick über das ganze Gebiet hat, und verlangt deshalb nicht jede Einzelheit, wie das arme Opfer es fürchtet. Es ist deswegen wichtiger, man behält einen freien Kopf, der noch denken kann, als daß man sich vollpfropft mit Einzelkenntnissen. Wir beide hatten wohl fleißig gearbeitet, aber wir hatten außerdem noch Konzerte im Leipziger Gewandhaus gehört, Ausflüge nach Berlin unternommen und ab und zu auch Gesellschaften mitgemacht. Der wertvollste Erfolg dieses zweiten Examens war für uns der, daß durch den guten Ausgang unser Selbstvertrauen anfing zu wachsen. Der Glaube an die Inferiorität der Frauen kam immer stärker ins Wanken.

Nach absolviertem Physikum kam für uns nun die Frage, ob wir in Halle bleiben oder eine andere Universität aufsuchen

Studentin in Halle, 1900

sollten. Für Halle sprach der Umstand, daß man dort inzwischen an Studentinnen gewöhnt war und sie nicht mehr so stark mit Neugierde belästigte. Andererseits hatten wir gerade in Halle nicht das Ideal einer Universitätsstadt. Mich zog es nach dem idyllischen Göttingen, wo der große Chemiker Nernst lehrte, den ich gern gehört hätte. Frida Busch dagegen hatte den Wunsch, zu ihrer Mutter nach Bonn zu gehen, in ihre Heimatstadt. Sie erwartete dort größeres Entgegenkommen bei den Professoren, weil ihr verstorbener Vater noch unter ihnen als Ordinarius für Chirurgie gewirkt hatte. Da ihre Gründe schwerwiegender waren als meine, gab ich nach, und so fuhren wir dann zum Sommersemester nach Bonn.

Der schöne Rhein, die schöne Stadt mit ihrer herrlichen Umgebung! – Ich habe mich schwer an sie gewöhnen können, sosehr ich ihre Schönheit empfand, weil ich das Frohe und Leichte der Menschen dort nicht verstand. Auf den Norddeutschen wirkt das sprühende Leben der Rheinländer zunächst verwirrend. Er kann in seiner Schwere nicht folgen und mißtraut auch der großen Liebenswürdigkeit. Eine sehr nette Pension, in der ich unterkam, und der Rückhalt an der Familie Busch halfen mir indes, die anfängliche Abwehr zu überwinden. Die Erwartung, daß wir bei den Professoren keine Schwierigkeiten finden würden, traf zu. Es wurde von ihnen generelle Hörererlaubnis erteilt, so daß wir keine Bittgänge zu den einzelnen Herren zu machen brauchten. – Wir waren hier auch wieder die ersten Medizinstudentinnen. Zu unserer Erleichterung bemerkten wir dann, daß die Studentenschaft bessere Umgangsformen zeigte als die in Berlin und Halle. Wir sind in Bonn keinen Unhöflichkeiten begegnet. Zu Beginn des Semesters kostete es uns trotzdem jedesmal wieder eine Überwindung, in die Kollegs zu gehen. Wir schoben gern eine die andere vor für den ersten Eintritt. Im übrigen hielten uns die Vorlesungen gebannt. Frida Busch hatte psychisch-nervliche Schwierigkeiten im ersten chirurgischen Kolleg. Als ich mich während einer im Auditorium ausgeführten Operation nach ihr umsah, bemerkte ich, daß sie kreideblaß war und mit einer Ohnmacht kämpfte. Es glückte dieses Mal noch, den kurz bevorstehenden Schluß abzuwarten und schnell hinauszugehen. Für das nächste Kolleg nahm sie ein Fläschchen Cognac mit, von dem sie hinter meinem schützenden Rücken schon zu Beginn der Vorlesung schnell ein Schlückchen nahm und dann jedesmal, wenn sich solche Anwandlung wieder meldete. Dieses Cognacfläschchen war ihr wochenlang ein psychischer Halt. Es wäre ja auch ein zu großes Fiasko gewesen, wenn eine studierende *Frau* nervlich versagt hätte. Solche Schwäche konnten sich nur die männlichen Kommilitonen erlauben, bei denen sie ja ab und zu auch vorkommt. Mit der Zeit hat Frida Busch sich so gut gewöhnt, daß Chirurgie ihr ein Lieblingsfach wurde.

Durch das Famulieren kamen wir in den klinischen Semestern in Bonn mehr mit den männlichen Kommilitonen zusammen als vorher in Halle. Dabei entwickelte sich ein Verhältnis, das wieder anders als die früheren war. Die fröhlichen Rheinländer versuchten es mit «Kavaliertum» und «Hofmachen». Weil wir älter zum Studium gekommen waren als der Durchschnitt der Männer, waren wir ihnen an Reife und Jahren überlegen und konnten deshalb nicht davon beeindruckt werden. Manchmal sind wir in der Abwehr etwas hart gewesen, so, wenn wir einen «Minnebrief» offen dem als Vermittler dienenden Portier mit einem Taler und der Weisung zurückgaben, «wir verbäten uns solche Dummheiten». Ein andermal ließ sich ein ganz hartnäckiger Verehrer nicht abhalten, uns nach Hause zu begleiten. Unterwegs fing er vorsichtig an, gegen das Frauenstudium zu sprechen mit dem üblichen Hinweis, daß die Frau ins Haus gehöre, um schließlich mit dem Ausspruch zu enden: «Wir werden Sie ja doch alle wegheiraten!» Außer einer gründlichen sofortigen Abfertigung von Frida Busch mußte es dieser nicht sehr fleißige Jüngling erleben, daß er fünf Jahre später als verbummelter Student bei mir als Assistenzärztin der Bonner Universitätsfrauenklinik seine Examensarbeit zu absolvieren hatte. Er hatte dann alle Gedanken an «Wegheiraten» verloren und bat mich höflich um Hilfe.

Große Sorge hatten wir vor dem Famulieren in der Frauenklinik, weil wir uns dort auch nachts aufhalten mußten. Unsere Unterbringung hat auch in der Klinik viel Kopfzerbrechen verursacht, denn es gab nur einen gemeinsamen Schlafraum für vier Stunden. Wir bekamen schließlich ein abseits gelegenes Zimmer angewiesen, das für gewöhnlich nicht zu Wohnzwecken diente, aber für uns zwei ganz ordentlich eingerichtet war. Bei dieser Gelegenheit empfanden wir es wieder dankbar, daß wir alles uns Unangenehme zu zweien erlebten. Wir blieben 14 Tage in der Klinik und haben mit Hilfe der Hebammenschwestern, die uns wohlgesinnt waren, keine Geburt versäumt. Mit den Schwestern sind wir, entgegen den viel geäußerten Befürchtungen, daß sie eifersüchtig auf uns sein und deshalb Schwierigkeiten machen würden, überall gut ausgekommen, besonders mit den Trierer Boromäerinnen in der Medizinischen Klinik und mit den Rote-Kreuz-Schwestern der Frauenklinik.

Während Frida Busch die sämtlichen sechs klinischen Semester in Bonn zubrachte, bin ich noch einmal für ein Semester nach Halle gegangen, um Bumm und Mehring zu hören. Ich kam dort in eine erregte Zeit hinein. Die inzwischen zahlreicher gewordenen deutschen Studentinnen (etwa zehn) revoltierten gerade gegen eine Invasion von russischen Studentinnen ohne genügende und vielfach sogar ohne jede Vorbildung, manche nur mit einem Handarbeitsexamen. Diese Damen hatten merkwürdigerweise von den Professoren der vorklinischen Semester Hörerlaubnis bekommen, voran vom Dekan der medizinischen Fakultät. Weil wir uns sagten, daß doch das nicht ohne Einverständnis des Kultusministeriums geschehen sein könnte, das als höhere Instanz von uns Einheimischen als Vorbedingung für das medizinische Studium das humanistische Abiturientenexamen verlange, wandten wir deutschen Hallenser Studentinnen uns in corpore, klinische und vorklinische Semester, über den Kopf des Dekans hinweg mit einer Eingabe dorthin, des Inhalts: Wir sähen den Kampf der deutschen Studentinnen erschwert und ihr Ansehen gefährdet durch ausländische Studentinnen, die nicht die erforderliche Vorbildung besäßen. Wir bäten, Ausländerinnen zu den Universitäten nur zulassen zu wollen auf Grund einer Vorbildung, die der von uns verlangten gleichwertig sei. Die Eingabe hatte zweierlei Wirkung: Wir erregten den bitteren Zorn des Dekans, weil wir ihn übergangen hatten, aber im nächsten Semester waren alle ungenügend vorgebildeten Russinnen verschwunden. Die letzten Zusammenhänge haben wir nie erfahren.

– – – «Schwester Hermine»

Es nahte nun das Staatsexamen. Die drei Monate der letzten Sommerferien benutzte ich dazu, im Hamburg-Eppendorfer Krankenhaus als Aushilfsschwester zu arbeiten, um einen Einblick in Krankenpflege und in die Arbeit der Schwestern zu bekommen, die ich später als Arzt beaufsichtigen sollte. Auf der Universität lernten wir davon gar nichts. Unsere Ausbildung war betont theoretisch. Nach dem Staatsexamen hätte jeder junge Arzt eine wissenschaftliche Arbeit schreiben können, aber er hätte nicht gewußt, wie man ein Krankenbett zurichtet und Kranke bettet. Im

«Schwester Hermine» in Hamburg-Eppendorf, 1902

Laufe der Jahre hat sich das erfreulich geändert; zunächst durch das sogenannte Praktikantenjahr, in dem die jungen Mediziner ihr ärztliches Wissen in einem Krankenhaus praktisch bestätigen mußten, und zur Zeit wird sogar als Vorbedingung für Studium und Staatsexamen ein halbes

Jahr praktische Krankenpflege verlangt, was ich sehr begrüßt habe. – In Eppendorf durfte ich auf Wunsch der Oberin und des leitenden Arztes nicht verraten, daß ich Studentin sei – 1902!

Ich kam in einen chirurgischen Männerpavillon mit 48 Betten. Die dortige Arbeit wurde bewältigt von einer Oberschwester, zwei Seitenschwestern und einem Dienstmädchen. Es blitzte in dem Pavillon vor Sauberkeit; das viele Metall glänzte wie neu, auch die Türklinken. Man sah nirgends ein Stäubchen. Der Fußboden wurde des Morgens dreimal hintereinander «gefeudelt», wie der Hamburger sagt. Das erste Mal naß mit Lysoformlösung und hinterher zweimal trocken. Diese Arbeit, das dreimalige Feudeln des Fußbodens, das Putzen des Metalls, das peinliche Staubwischen fiel den Seitenschwestern zu, von denen ich eine vertrat. Meine Hände hatten nach einmaligem nassen Feudeln des Fußbodens schon Blasen, die beim folgenden trocknen Nachwischen aufgingen; das dritte Wischen wurde mir von der anderen Seitenschwester empört aus der Hand genommen mit den bösen Worten: «Die Schwester Hermine wird gar nicht fertig!» – So unbarmherzig sind Schwestern gegen arme Anfänger! Nach einigen Tagen konnte ich es ebenso schnell wie sie.

Die mir ungewohnte körperliche Arbeit in Eppendorf strengte mich anfangs derartig an, daß ich im Verlauf von drei Wochen 15 Pfund an Gewicht abnahm und sonntags in die Kirche ging, einzig mit der Absicht zu schlafen. Bei meiner guten Konstitution habe ich mich aber langsam gewöhnt und holte Schlaf und Gewicht allmählich wieder. Immerhin ist mir klargeworden, daß die Schwesternarbeit körperlich erheblich anstrengender ist als das Studium. In einem Schwesternausbildungskursus sollte ich darüber gerade das Gegenteil hören. Es war die Anfangsstunde mit einer allgemeinen Einleitung. Da begann der Herr Professor: Die Schwestern hätten wohl gehört, daß neuerdings Frauen auf den verwegenen Gedanken gekommen seien, Medizin zu studieren. Das sei ein ganzer Unfug, müsse er ihnen sagen, denn die Frau sei körperlich und geistig viel zu zart und schwach. Schon zum Abitur reichten die Kräfte nicht, viel weniger zum Studieren. Nein, der eigentliche Beruf der Frau, der ihren geistigen und körperlichen Kräften angemessen sei, sei der Schwesternberuf!

Ich habe gebebt vor Empörung über dies Ausstreuen von reinen Phantasiegebilden als Tatsachen; ich wäre am liebsten aufgestanden, um persönlich zu entgegnen, aber die neben mir sitzende Oberin hielt mich unter Hinweis auf mein gegebenes Versprechen zurück, mein Studententum nicht zu verraten. Dies Beispiel aber zeigt, wie gedanken- und gewissenlos sogar Autoritäten ihr Urteil abgeben und verbreiten. Der Herr Professor hat nie dreimal hintereinander den Fußboden eines großen Pavillons gefeudelt und nie Messing geputzt, bis ihm die Arme weh taten. Ein einziger Tag Seitenschwesterndienst hätte ihn eines Besseren belehren können.

An diesem Tag erhielt mein Glaube an die Autorität der Männer wieder einen großen Stoß und ebenso der Glaube an ihre Gewissenhaftigkeit. Einsicht in ihre Gedankenlosigkeit bekam ich außerdem noch durch die jungen kräftigen Assistenzärzte, die uns «zarte Schwestern» jagten, schwere, teilweise unbewegliche Kranke im Galopp aus dem Bett zu heben, um sie auf Bahren zum Verbinden zu bringen, obgleich sie wissen mußten, daß schweres Heben für Frauen schädlich ist. Sie selbst standen in hoheitsvoller Männlichkeit wartend da und schonten ihre Kräfte, wie es in ihren Augen die «Würde des Arztes» gegenüber den «dienenden Schwestern» erforderte.

Im übrigen habe ich in den drei Monaten in Eppendorf viel gelernt. Ein Chirurg, Dr. Sudek, der meine Kenntnisse bemerkt hatte, forderte mich für seine Poliklinik an, und auf eigenen Wunsch wurde ich außerdem noch in Massage ausgebildet. Die Zeit war infolgedessen gut angewandt.

Zu gleicher Zeit mit mir arbeitete noch eine zweite Schwester incognito in Eppendorf. Das war eine Prinzessin Reuss, die später Königin von Bulgarien wurde. Ihr hatte man mein Geheimnis bekanntgegeben, woraufhin sie hin und wieder zu mir kam. Wir besprachen die Probleme der Schwesternarbeit und waren der gleichen Meinung, daß eine Änderung erforderlich sei im Interesse sowohl der Schwestern wie auch der Pflege der Kranken. Bevor sie heiratete, stand sie dem Clementinen-Mutterhaus in Hannover als Oberin vor. Gelegentlich eines von dort aus unternommenen Besuches der Clementinen-Schwesternstation in Bonn (Chirurgische Klinik) kam sie 1906 noch einmal zu mir in die Universitäts-Frauenklinik, wo ich Assistentin war. Ihr Hauptanliegen war eine nochmalige Besprechung der möglichen Arbeitsverhältnisse der Schwestern.

− − − Das Kind war viel zu groß

Bei der Rückkehr nach Bonn erreichte mich der Brief eines Vetters aus Borkum, in dem er mir den Vorschlag machte, ihn nach absolviertem Staatsexamen ein halbes Jahr ärztlich in seinem Sanatorium und auf der Insel zu vertreten. Ich war zunächst begeistert von der damit gegebenen Gelegenheit praktischer Fortbildung. Bei näherer Überlegung aber fand ich einen Haken. Ich hatte keinerlei Übung und Erfahrung in Geburtshilfe, und wenn mir nun auf der Insel ein schwieriger geburtshilflicher Fall vorkommen würde, hätte ich keine Möglichkeit, einen Facharzt zu konsultieren. Emden war zu Schiff in reichlich zwei Stunden zu erreichen, und die Schiffe fuhren nur ein- bis zweimal am Tage. Aus diesem Bedenken heraus lehnte ich das Anerbieten ab, nahm mir aber gleich vor, mir unter allen Umständen eine genügende Ausbildung in Geburtshilfe anzueignen. Weil nicht zu erwarten war, daß ich bei einem fremden Gynäkologen jemals eine Anstellung bekommen würde – dazu war das Vorurteil gegen Ärztinnen noch viel zu groß –, blieb mir nichts übrig, als meinen Bonner Lehrer, Geheimrat Fritsch, zu bitten, mich nach dem Staatsexamen ein halbes Jahr als Volontärärztin in seiner Klinik arbeiten zu lassen. Wie würde er sich aber dazu stellen?!

Es war vor einem Phantomkurs – das ist ein Kursus, in dem man in einem dem Frauenbecken nachgeahmten Lederphantom, mit in Spiritus eingelegten Kinderleichen, die geburtshilflichen Operationen übt –, als ich mir ein Herz nahm und dem Geheimrat vor Eintritt in das Auditorium meinen Wunsch vorbrachte. Er sagte nicht ja und nicht nein, sondern veranlaßte mich, gleich als erste im Kolleg an das Phantom zu treten, in das er ein Kind eingelegt hatte. Ich mußte untersuchen und die Lage bestimmen. Es war eine Querlage, in der das Kind nicht geboren werden konnte. «Was werden Sie tun?» fragte er mich. Antwort: «Auf den Fuß wenden und extrahieren.» – «Gut, tun Sie das.» Ich machte mich ans Werk, bekomme die Füßchen zu fassen, ziehe kräftig; der Körper kommt langsam und sehr schwer nach. Bis zum Kopf habe ich das Kind entwickelt, da war Schluß. Der Kopf sitzt eisern fest. Mit den gewöhnlichen Griffen folgt er nicht, obwohl ich wieder kräftig ziehe. Mich überfällt ein Schrecken. – Sollten wir Frauen doch nicht Kräfte genug haben? Sollte alles Illusion sein? Scheitern an einem Minus der Körperkraft? – Wie man in schweren Schicksalsminuten jagend denkt, so erlebte ich in mir alle Stadien schwerster innerer Enttäuschung, bis plötzlich ein anderer Gedankengang auftauchte: «Der Mann hat dir ein zu großes Kind hineingelegt, um dir zu zeigen, daß du als Frau nicht genug Kräfte hast!»

Dies denken und in allergrößter Opposition alle mir verfügbaren Kräfte anspannen war eins. Und siehe da, der Kopf folgte. Ich flog mit dem Kinde an die hinter mir befindliche Wand. Der Geheimrat äußerte nichts, ließ mich aber dableiben. Dann winkte er aus der Schar der Studenten einen riesengroßen Borussen heran, mit viel Schmissen im Gesicht, und legte dem dasselbe Kind in das Phantom, diesmal in Steißlage, die die gleiche Extraktion erforderlich macht. Der starke Borusse brachte den Kopf nicht heraus. Er zog und zog, aber ohne innere Erregung, ohne Zorn, und ohne den war es nicht möglich. Nachdem der Geheimrat seinen vergeblichen Anstrengungen einige Zeit zugesehen hatte, ließ er ihn aufhören mit den Worten: «Lassen Sie nur, es ist ein viel zu großes Kind. Aber» – fügte er zu mir gewandt hinzu, «Sie haben Kräfte. Sie können sich bei mir zum Volontieren melden.» – Diese originelle Methode der Feststellung entsprach der klugen, realen Art des Geheimrats. Er ließ sich nicht von allgemeinen Vorurteilen beeinflussen, forderte aber eine ihn überzeugende Probe. Ich vergaß alle vorübergehende Empörung und war sehr glücklich über die Aussicht auf diese Ausbildungsmöglichkeit. Zunächst kamen nun die Examensvorbereitungen. Bei denen lastete am härtesten auf uns die Vorbereitung für Physiologie bei dem bahnbrechenden Physiologen Pflüger, dessen Kolleg wir nie gehört hatten, weil wir Physiologie in Halle absolviert hatten. Es gab auch kein Lehrbuch von ihm. So blieb uns nichts übrig, als einen Kursus mitzumachen, den ein geprüfter Dr. W. (praktischer Arzt) an Hand von gesammelten Kollegaufzeichnungen abhielt. Weil uns das meiste neu war und die Kollegaufzeichnungen den lebendigen Vortrag des Lehrers doch nicht ersetzen können, haben wir für dieses Fach schwer gearbeitet, während die übrigen Fächer nur einer Wiederholung bedurften. Ohne Rücksicht auf «Kohlenklau» habe ich bei dieser Arbeit hinter meinem Stuhl den eisernen Ofen glühend werden lassen und dabei vor mir das Fenster weit offen gehabt; ein Idealzustand, den man sich heute kaum mehr vorstellen kann. Auch Lebensmittelsorgen gab es nicht, keine Marken. Wir hatten, was wir uns nur wünschten, und sorgten durch einen täglichen Spaziergang auf den Venusberg auch noch für genügende körperliche Bewegung und frische Luft.

Bonn war bekannt für mittelmäßige und für schlechte Examina. Das hatte wohl seinen Grund in dem Leben der verschiedenen Corps und Burschenschaften, deren gesellschaftliche Verpflichtungen keine Zeit für ernste Arbeit ließen. Die letzten Prüfungen vor der unseren hatten auffallenderweise bessere Noten gezeigt. Der Dekan der medizinischen Fakultät, Geheimrat Köster, der uns wohlwollte, erzählte uns, er habe verwundert die betreffenden Examinanden gefragt, was sie denn veranlaßt habe, fleißiger zu sein, woraufhin ihm geantwortet worden sei: «Wir wollen uns doch nicht vor den beiden Studentinnen blamieren!» Diese Antwort habe er dem Kultusministerium mitgeteilt als gutes Ergebnis des Frauenstudiums. Hätten wir uns nicht schon an sich verpflichtet gefühlt, ein gutes Examen zu machen, so wäre uns diese Begebenheit ein starker Stimulus geworden.

Die einzelnen Stationen des Staatsexamens wurden in Pausen absolviert. Das war günstig. Man hatte zwischen zweien immer Zeit genug, sich auf die folgende vorzubereiten. Während wir uns sonst von Studentensitten zurückhielten, haben wir im Examen die üblichen Schliche mitgemacht, so zum Beispiel den, daß wir uns am Abend vor der Prüfung heimlich bei den in Betracht kommenden Schwestern und Dienern erkundigten, was für Fälle neu eingeliefert worden seien; erfahrungsgemäß konnten wir nämlich erwarten, daß einer von diesen als Examensfall dienen würde. Das Risiko dabei war die Möglichkeit einer falschen Diagnose des Aufnahmearztes. Das haben wir bei einem Fall in der Chirurgie denn auch erlebt! Da hatte eine von uns am Vorabend eine falsche Diagnose gehört und hielt nun bei der Prüfung trotz innerer Zweifel daran fest wie mit ihr die gleich orientierten Kommilitonen, während die andere zufälligerweise die Vorabendauskundschaft nicht mitgemacht hatte und unbeeinflußt die richtige und an sich leichte Diagnose stellte.

– – – Deutsche Ärztin!

Wir hatten im November 1902 mit dem Examen angefangen und wären Anfang März fertig gewesen, wenn nicht der Umzug in die neugebaute Augenklinik eine fast vierwöchige Pause veranlaßt hätte. Endlich war Anfang April 1903 auch diese letzte Station erledigt. Wir wurden zum Dekan befohlen, und der eröffnete uns, daß wir beide mit 1 bestanden hätten. Wir freuten uns des Prädikats, aber mehr noch des erreichten Zieles! Nach achteinhalbjähriger Vorbereitung waren wir nun *deutsche Ärztinnen*! Dabei hatten uns rückblickend die fünf Jahre Studium eine Riesenfreude gemacht, der gegenüber die Unannehmlichkeiten in der Erinnerung mehr und mehr verblaßten. Wir mußten auch feststellen, daß uns die Studienjahre gesundheitlich ausgezeichnet bekommen waren und unsere körperlichen und geistigen Kräfte spielend ausgereicht hatten, entgegen den finsteren Behauptungen und Prophezeiungen des Eppendorfer Professors. Allerdings in der Öffentlichkeit hieß es jetzt: «Das sind Ausnahmen! Es gibt wohl ab und zu eine Frau, die solche Leistung vollbringt, aber der Durchschnitt der Frauen ist nicht dazu imstande.» – Diese Phrase mit der «Ausnahme» hat mich sehr erbost. Ich war mir bewußt, daß ich in bezug auf Begabung kein Ausnahmewesen war; ich kannte viele, viele Frauen, die mir gleichstanden, und auch viele, die mir überlegen waren. Was wir ersten Studentinnen aber den anderen voraushatten, worin wir vielleicht Ausnahmen waren, das war die Begeisterung, das war das Feuer, mit dem wir arbeiteten. Während die Männer aus alter Tradition studierten, weil «man ja einen Beruf haben muß», arbeiteten wir aus freien Stücken, sogar entgegen der Tradition, nur aus heißem inneren Wunsch heraus nach geistiger Betätigung.

Frau Geheimrat Busch, die kluge und vornehme Mutter meiner Freundin, die von den Gymnasialkursen her unsere Arbeiten mit reger Anteilnahme verfolgte und uns bei den vielen Ängsten, die wir durchzumachen hatten, immer gütig und weise zugeredet hatte, machte jetzt einen schönen Vorschlag, zur Feier des erreichten Zieles eine dreiwöchige Rivierawanderung zu unternehmen. Wir griffen den Vorschlag mit Freuden auf, wurden aber von anderer Seite gewarnt vor der großen «Strada provinciale», die wir gehen mußten, weil man auf ihr «möglicherweise Banditen begegnen könnte». Kurz entschlossen schafften wir uns zu deren Abwehr einen Revolver an und machten schnell noch einen Schießkursus durch. Wenn wir auch nicht gerade gut schossen, so lernten wir doch mit der Waffe umzugehen, und das gab uns ein Gefühl von Sicherheit bei etwaiger Gefahr.

Mit dem Revolver vorerst im Koffer und später gesichert in der Manteltasche, in Reformkleidern – ohne Korsett – reisten wir ab. Die Reformkleider kamen damals neu auf. Sie waren noch nicht schön: eine Art Mittelding zwischen Hängekleid und Prinzeßkleid. Aber wir trugen sie aus unserer neuerworbenen ärztlichen Überzeugung heraus. Zunächst fuhren wir nach St. Margerita; von dort wanderten wir die Riviera herauf bis Spezia und später die Riviera di pronente bis Nizza. Es waren unvergeßlich schöne Wochen. Die Straße war zu dieser Zeit – 1903 – für Fußgänger noch ideal. Es gab keinen Autoverkehr, und der Wagenverkehr hielt sich in gut erträglichen Grenzen. Frida Busch hat den Revolver mehrmals entsichert, aber zum Schießen kam sie nie, denn meistens war es die Bräune der dunklen Typen und die Lebhaftigkeit der Südländer, die bei uns in der Ferne Banditenverdacht erregt hatten.

Von St. Margerita aus machten wir noch eine Tagestour nach Diano Marina, an das Grab einer unserer Mitschülerinnen, Margarete Bleek, von den Gymnasialkursen. Ein langer Weg durch eigenartig silbergrau schimmernde, stimmungsvolle Ölbaumwälder führte uns zu einem kleinen Friedhof hoch oben auf einer Klippe. Einsam in einer Ecke fanden wir das von Feldsteinen eingefriedete Grab. – Die hier lag, hatte mit derselben Begeisterung und denselben Idealen das Abitur erkämpft und das Studium angefangen wie wir. Aber ein angeborener Herzfehler erschwerte ihr jede Arbeit; daher schloß sie nach zwei Semestern vorzeitig ab. Ihr Leben war ein schöner Kampf gewesen – ohne Endsieg. Ergriffen standen wir, die wir unserer Gesundheit den besseren Ausgang verdankten.

Weil wir keinen Grund zur Eile hatten, nahmen wir uns nach unserer Rückkehr Zeit für die jetzt beginnende praktische Ausbildung. Ich hatte von meinem Vater oft gehört,

daß seine Söhne «einstmals da anfangen sollten, wo er aufgehört habe». Er selbst hatte nach dem Staatsexamen eine
ihm angebotene Assistentenstelle an einer Universitätsklinik ausschlagen müssen, weil er gezwungen war, Geld zu
verdienen für den eigenen Unterhalt und zur Rückzahlung
der Studiengelder. Dieser Verzicht auf Fortbildung ist ihm
sehr hart gewesen.

Eingedenk nun der Worte meines Vaters, aus denen viel
eigene Enttäuschung sprach, nahm ich mir vor, mindestens 5
bis 6 Jahre Assistententätigkeit anzustreben, was mir tatsächlich gelungen ist. Zunächst machte ich mich an die Doktor-
arbeit. Für die hatte mir ein Extraordinarius für Gynäkolo-
gie an der Universität Bonn, Professor Schröder, ein Thema
gegeben, das viele sorgfältige Untersuchungen erforderlich
machte. Es fiel in das Gebiet der damals noch unerforschten
Eklampsie (Krämpfe bei der Entbindung), die so erschütternd viele Opfer forderte, und sollte die Frage der Mitbe-
teiligung der Nieren klären. Wenn auch nichts Epochemachendes bei dieser Arbeit herauskam, so hat sie doch wohl
ein Steinchen eingefügt in den Weg zur Erkenntnis. Ich
hatte mir ein volles halbes Jahr dafür Zeit genommen.

Als wir beide – Frida Busch und ich – mit unserer Arbeit
fertig waren, gab es ein sehr feierliches Doktorandum. Die
zwei Kommilitonen im Frack und wir beide im langen
schwarzen Kleid begaben uns zunächst zur mündlichen
Prüfung über unser Thema in einen Prüfungssaal. Lateini-
sche Dikussionen wurden glücklicherweise nicht mehr von
uns verlangt, aber wir hatten immerhin in deutscher Sprache unsere Resultate ausführlich zu begründen, und zwar
vor dem Dekan in Amtstracht und den gleichfalls im Amts-
ornat erschienenen Examinatoren. Nachdem wir den Prü-
fungsanforderungen genügt hatten, wurden wir Scolares
von einem Amtsdiener angewiesen, uns dem feierlichen

Zuge anzuschließen. Voran der Pedell mit dem Szepter auf dem Kissen, dann der Dekan im Ornat, zu beiden Seiten ein Amtsdiener, ihm nach die anderen Examinatoren in Amtstracht, danach die zwei Frauen und nach uns die beiden befrackten Studenten. Wir bekamen vor dem geschmückten Katheder seitwärts unsere Plätze angewiesen, die Frauen links, die Männer rechts, und sahen mit Schrekken, daß das Auditorium voll besetzt war von Zivilpersonen, daß also eine ganz feierliche Handlung zu erwarten sei. Und die gab es. Der Dekan, Geheimrat Fritsch, bestieg das Katheder und hielt eine sehr ernste, ergreifende Ansprache, in der er das ganz Neue hervorhob, daß zum ersten Male in Bonn Frauen den Doktorhut erwerben wollten und damit ein Wendepunkt in der Geschichte der Medizin sich auch an dieser Universität vollziehe. Durch fleißiges Arbeiten und gute Examina hätten wir im Studium unseren Ernst bewiesen, es gelte nun, denselben in der Praxis zu bestätigen. Er könne sich denken, daß wir in den Beruf Neues hineinbringen würden, das der Menschheit zum Segen gereichen werde. Jetzt hätten wir vor ihm den Schwur abzulegen, daß wir stets unsere Pflicht tun, immer nur das Wohl der uns anvertrauten Kranken vor Augen haben und auf diese Weise dem ärztlichen Stand Ehre machen wollten. – Nach dieser Ansprache wurden wir der Reihe nach vorgerufen, Frida Busch zuerst, und mußten einzeln den vorgesprochenen Schwur leisten bei einem Handauflegen auf das Szepter.

Die ganze Feier war außerordentlich eindrucksvoll, und ich kann nur bedauern, daß heute auf jede derartige Feierlichkeit verzichtet wird. Gewiß, die Hauptsache ist die wissenschaftliche Arbeit, die Verstandesleistung, aber gerade der Arzt braucht in seinem Beruf neben dem Verstand so viel Gemüt und Ethik, um mit seinen hilfsbedürftigen Kranken

Doktorandin, 4. 11. 1903

Kontakt zu bekommen und sie richtig zu leiten. Deshalb sollte auf einen Appell an diese Seite des Menschen nicht verzichtet werden. Die hochstehende Rede des Geheimrats ging damals durch alle Blätter unseres Vaterlandes. Unser beider Prädikat lautete «summa cum laude».

Inzwischen hatten wir mit unserer Weiterbildung angefangen. Gemäß dem, was ich von meinem Vater hier und da gehört hatte, fing ich mit der inneren Medizin an als Grundlage für jedes Fach; und zwar hatte mir der Direktor der medizinischen Klinik in Bonn, Geheimrat Friedrich Wilhelm Schulze freundlicherweise erlaubt, bei ihm als Volontärärztin zu arbeiten. Volontärärzte waren damals unbesoldet und wurden je einem etatmäßigen Assistenten als Hilfskraft zugeteilt. Es kam dann auf die Einstellung des Assistenten an, ob er dem Volontär Arbeit zum Lernen zuwies oder nicht. Der Assistent, bei dem ich arbeitete, ein Privatdozent, war in dieser Beziehung sehr großzügig. Er orientierte mich weitgehend über die Fälle und ließ mich auch an die praktische Ausführung besonderer Behandlungen heran. Wo sie konnten, schoben mir außerdem die Schwestern (Boromäerinnen) an medizinischen Eingriffen zu, was in ihrer Macht stand. Ja, wenn ich manchmal bei neuen Eingriffen ängstlich war, haben sie mir zugeredet, besonders eine ältere Stationsschwester. – Wir hatten viele interessante Nervenfälle, entsprechend dem Ruf des Chefs als hervorragenden Neurologen. Dann arbeiteten an derselben Klinik noch zwei Extraordinarien und weitere zwei Privatdozenten, die alle ihre eigenen Arbeitsrichtungen hatten. Es war ein sehr anregender und geistig fördernder Betrieb. Das Jahr an dieser Klinik war wohl die schönste Zeit meines Lebens, frei von Druck und Sorge und voll geistigen Lebens.

Weil ich mir sagte, ich müsse in der mir für innere Medizin

gesetzten Zeit möglichst viel und Vielseitiges sehen, folgte ich nach diesem schönen Jahr in Bonn einem meiner Lehrer, Professor Adolf Schmidt, nach Dresden. Dort war inzwischen auch Frida Busch gelandet, und zwar bei dem zu der Zeit berühmten Kinderarzt Professor Schloßmann. Professor Schloßmann war einer der ersten Mediziner, die Säuglingskrankheiten als besonderes Fach bearbeiteten. Bisher waren zu ihrem Nachteil die Säuglinge von der inneren Medizin als lästiges Anhängsel mitgeschleppt worden. Vielfach, wie zum Beispiel in Hamburg, als ich dort arbeitete, überließ man in den großen Krankenhäusern die armen, so empfindlichen Säuglinge der Behandlung der Volontäre, die noch keinerlei Erfahrung hatten. Entsprechend war die Sterblichkeit erschreckend groß! Aber wie man in der Todesanzeige von Säuglingen lesen konnte: «Der Herr hat es gegeben, der Herr hat es genommen, sein Name sei gepriesen», so hatte man dieses Sterben der Säuglinge bis dahin auch allgemein als etwas Gegebenes hingenommen, was nicht so schwer zu bewerten sei, weil die kleinen Geschöpfe doch noch keine fertigen Menschen seien. Ich entsinne mich, auch in Privatfamilien bei Todesfällen von Säuglingen ähnliche Äußerungen gehört zu haben.

Zu der Zeit nun, in der wir in Dresden waren – 1905 –, fing eine höhere Bewertung des Kindes an und mit ihr der Kampf gegen die Säuglingssterblichkeit, in dem Professor Schlossmann Hervorragendes geleistet hat durch Einrichtung von besonderen Säuglingskliniken und Säuglingsfürsorgestellen, die allmählich in ganz Deutschland Vorbild zur Nachahmung wurden.

Selbst arbeitete ich am Friedrichstädtischen Krankenhaus, wo in der inneren Abteilung so ziemlich alle Gebiete gleichmäßig vertreten waren mit einer besonderen Station für Tuberkulose. Professor Schmidt war ein eifriger Wissenschaftler und trieb auch seine Assistenten ständig zum Arbeiten an. So hatte ich in dem halben Jahr vier Themen zur Bearbeitung, von denen nur zwei fertig wurden, eines über Tetanie und eines über Blutserum. – Außer der interessanten ärztlichen Arbeit brachte uns beiden dies Winterhalbjahr in Dresden noch besondere Anregung in bezug auf Kunst. Wir wohnten bei der noch jungen Witwe des Dichters Eckstein, der allbekannt war durch sein Buch «Besuch im Karzer», und trafen dort viele Künstler. Manchen schönen Abend verlebten wir mit den Malern Wilkens und Dorsch, Wilkens bekannt durch seine Faröerbilder und Dorsch durch seine eigenartigen Städtebilder. Frau Eckstein verschaffte uns auch die Bekanntschaft des Worpsweder Malers Heinrich Vogeler, dessen feine poetische Zeichnungen ich schon lange bewunderte.

Das interessanteste Erlebnis dieses halben Jahres aber war für mich ein Zusammentreffen mit dem von uns Norddeutschen so hochverehrten Dichter Gustav Frenssen, der damals auf der Höhe seines Ruhms stand durch seinen Roman «Jörn Uhl». Wir trafen ihn in Berlin auf einer großen Gesellschaft bei Geheimrat Sering, dem Schwager meiner Freundin Busch. Man hatte mir Gustav Frenssen als Tischherrn gegeben. Während einer längeren Unterhaltung mit ihm, bei der wir beiden «Waterkantsleute» unsere Empfindungen austauschten über die Leichtigkeit, mit der die noch nicht erwachsene Tochter des Hauses hereingesprungen kam, ihre Tante Frida zärtlich zu begrüßen, erzählte er mir: Er sei ein einfacher Tischlersohn, in dessen Familie niemals Gefühle gezeigt worden seien, wie das an der Waterkant üblich ist. So habe er weder vom Vater noch von der Mutter je einen Kuß bekommen. Als er dann aber als junger Geistlicher in sein erstes Amt eingeführt worden sei, habe die Mutter wohl das Gefühl übermannt, und sie habe ihm tatsächlich einen Kuß gegeben. Über den sei er aber so erschrocken gewesen, daß er ihr gesagt habe: «Man Mutter, wat fehlt di?» – Vieles haben wir noch miteinander gesprochen, bis er die ihm immer am Herzen liegende Frage nach dem Problem der Liebe anschnitt. Er wollte wissen, welche Lösung dies Problem in meinem Leben gefunden habe. Als ich ihm den Tatsachen entsprechend antwortete, daß ich alle Liebe, die ich brauchte, in meinem Beruf fände und alle Liebe, die ich zu geben hätte, meinen Kranken gäbe, wandte er sich ärgerlich ab mit einem brummigen «Unsinn». Eine Einstellung wie meine damalige lag ihm wohl ganz fern. Er suchte natürliches menschliches Leben und ging vorbei an den Verbiegungen, die wohl jeder leidenschaftliche Kampf um ein Ziel mit sich bringt und mit sich bringen muß. – Zur Gastgeberin hat er geäußert: «Das Erleben wird noch kommen.»

Im April 1905 bot sich mir Gelegenheit, im Inselspital in Bern bei Geheimrat Jadasson ein halbes Jahr auf dem Gebiet der Haut- und Geschlechtskrankheiten zu arbeiten, was ich mit Eifer aufgriff, weil mir die genaue Kenntnis dieser Krankheiten für die Praxis sehr wichtig erschien. Ich mußte dann leider von Frida Busch Abschied nehmen, die weiter in Dresden blieb; dafür nahm ich meine jüngste Schwester mit für deren zweites vorklinisches Semester. Das halbe Jahr in Bern steht rückblickend fast ganz unter dem Zeichen Hoffmann-Schaudin. Es war gerade deren Entdeckung der Spirochaeta pallida als Erreger der Syphilis herausgekommen. Nun saßen wir alle, der Professor, die Assistenten, die Volontärärzte und die vielen ausländischen Hospitanten Stunden und Stunden über dem Mikroskop, um sie zu finden. Wir färbten in dieser ersten Zeit noch nach Giemsa, was kein annähernd so deutliches Bild ergibt wie die heu-

Volontärärztin am Inselspital in Bern, 1905. Links von ihr Prof. Josef Jadasson.

tige Färbung mit Tusche. Hatte jemand eine Spirochaeta sicher gefunden, dann wurden alle herbeigerufen zum Sehen. Das war eine wundervolle Begeisterung. Allmählich bekamen wir mit der besseren Ausarbeitung der Färbemethode die Bilder deutlicher.

Als Gast arbeitete mit uns auch der dänische Gelehrte Finsen, der bekannt geworden war durch sein Finsenlicht für Lupusbehandlung (Hauttuberkulose). Dann waren zwei Japaner da und zwei Herren vom Balkan neben mehreren Schweizern und Deutschen. Dank dem vornehmen und menschlich warmen Wesen des Geheimrats herrschte ein ganz vorzüglicher Ton an der Klinik, sowohl unter den arbeitenden Medizinern wie im Umgang mit den Kranken. Jadasson, der klein und zierlich gewachsen war, pflegte gern ganz unvermutet zwischen uns aufzutauchen und sich plötzlich in ein Gespräch, das er gerade hörte, hineinzumischen. Er strich nie den Geheimrat heraus.

An freien Sonntagen machte ich mit meiner Schwester Touren in das Berner Oberland. Wir begnügten uns aber mit einfachen Wegen und haben als Leute aus der Ebene nie an Hochtouren zu denken gewagt. Gegen Ende des Semesters meldete mir Frida Busch plötzlich, daß sie in den nächsten Wochen heiraten werde. Das war damals ein ganz schwerer Schicksalsschlag für mich. Ich wußte, daß sie seit Jahren heimlich verlobt war, aber ich hatte böserweise immer gehofft, daß sich diese Bindung wieder lösen würde, weil ich es für einen Verrat an unserer heiligen Sache hielt, abzuschwenken zum Heiraten! – Auch hatte ich mir für ein gemeinsames Arbeiten in der Praxis schon viele Pläne ausgemalt. Leider – die Heirat fand statt. Ich reiste dazu nach Berlin und habe bei der Trauung bittere Tränen geweint, die ihr Glück gebracht haben. Sie reiste mit ihrem Mann, dem Altphilologen Prof. Dr. Corssen vom Bismarck-Gymnasium in Berlin, ihrem einstigen Lehrer, für ein halbes Jahr nach Griechenland und Ägypten und blieb dann in Berlin, wo wir uns später wiederfanden.

– – – Erste Frauenärztin Deutschlands

Nach ihrer Abreise fuhr ich mit meiner Schwester nach Göttingen. Ich wartete auf den versprochenen Ruf an die Universitätsklinik in Bonn und verwandte die Zwischenzeit zu pathologischen Arbeiten bei Professor Borst. Im Dezember endlich kam ein Brief von Geheimrat Fritsch, daß ich zum 1. Januar 1906 als Volontärärztin in die Klinik kommen könne. Ich kam nun in meinen alten Kreis, wohnte in der wunderbar am Rhein gelegenen Frauenklinik mit Blick auf das Siebengebirge, aber es fehlte mir je länger, je mehr die Familie Busch. Die Mutter hatte ihren Wohnsitz um der Tochter willen nach Berlin verlegt. Frida Busch empfahl mich deshalb warm an die Familie ihrer besten Freundin, und damit brachte mich das Schicksal in die Nähe meines späteren Mannes.

In der Frauenklinik kam ich zunächst als Volontärärztin auf die gynäkologische Station, dem ersten Assistenten als Hilfskraft zur Seite. Mit diesem Herrn hatte ich keine Fühlung. Bei den Aufnahmeuntersuchungen für die Krankengeschichte war ich zu genau. Ich untersuchte nach der Methode der inneren Klinik und brauchte dazu mehr Zeit als üblich. Statt mir zu sagen, daß diese Genauigkeit überflüssig sei, ließ er Mißstimmung bei den Schwestern entstehen und meldete das dem Chef. Ich war ratlos und schwer deprimiert über diesen unglücklichen Anfang und dachte schon, ich würde wieder gehen müssen. Da geschah nach drei Wochen das Wunderbare, daß gerade dieser Assistent vor der Zeit die Stellung aufgeben mußte, und mehr noch, daß der Geheimrat *mich* fragte, ob ich, während die beiden anderen Assistenten aufrückten, die dadurch dritte etatmäßige *Assistentenstelle* übernehmen wolle, als Leiterin der geburtshilflichen Abteilung. Zunächst traute ich meinen Ohren nicht. Eine Frau etatmäßige Assistentin in Deutschland! Das war mehr, als ich mir mit kühnster Phantasie hätte ausmalen können. Dann aber meldete sich gleich das noch nicht ganz abreagierte Minderwertigkeitsgefühl: Werde ich es schaffen können? Und wieder kam das Verantwortungsgefühl für die Sache, das mir sagte: «Du mußt es wagen!» So nahm ich an. Aber – ich hatte durchaus keine Erfahrung, war ja hergekommen, um zu lernen, und sollte nun gleich die ganze Abteilung leiten, sollte Studenten anleiten und die Arbeit der Hebammen überwachen. Das war ja paradox! Mir grauste! – Ich mußte mich wohl vor Sorge krumm gehalten haben, denn plötzlich redete mich der sehr nette Oberarzt, Professor Reifferscheid, an und fragte, was mich bedrücke. Da habe ich ihm meine Bedenken dargelegt und meine Angst, der Aufgabe nicht gewachsen zu sein. Der Oberarzt aber meinte, ich solle zunächst nur anfangen, es sei alles nicht so schlimm, wie es aussähe, und wenn ich nicht weiterkäme, sei er ja noch immer da, der mich jederzeit beraten würde. Und so entwickelte es sich. Mit den einfachen Geburten, die ja die Mehrzahl sind, wurde ich fertig und konnte auch mit Hilfe guter Vorbereitung durch Lehrbücher die jeweiligen vier Famuli belehren und ihre Fragen beantworten. Wenn dann ein schwieriger Fall kam, versuchte ich zunächst wieder, an Hand der Lehrbücher auch mit dem fertig zu werden; haperte es, dann konsultierte ich den Oberarzt, der mir das ganze Jahr hindurch mit bewundernswerter Geduld Rat erteilt hat. Gut beraten, fühlte ich mich innerlich sicher und führte die erforderlichen Eingriffe ruhig aus. Dabei war sehr fördernd, daß fast alle aus dem Rahmen fallenden Fälle am nächsten Tage vom Geheimrat in der Vorlesung durchgesprochen wurden. Man arbeitete auf diese Weise den Fall zunächst für sich allein durch, mußte ihn dann den Studenten und Hebammen klarmachen und bekam zum Schluß noch die Epikrise (Schlußbeurteilung) des Chefs. Dieses gründliche Durcharbeiten der Fälle ist der Vorteil jeder Ausbildung an einer Universitätsklinik.

Als ich nach vier Wochen mein erstes Gehalt ausgezahlt bekommen hatte, erbat der Geheimrat meine Zeugnisse zum Einschicken an das Kultusministerium. Bei der Gelegenheit erzählte er mir, er habe den Personalwechsel nur telegraphisch gemeldet und dabei meinen Vornamen fortgelassen, so daß man im Ministerium noch nicht wisse, daß ich eine Frau sei. Nachdem er gesehen habe, daß ich gut arbeite, schicke er jetzt die Zeugnisse ein, an denen nichts ausgesetzt werden könne. Er hoffe, daß das Ministerium keine Schwierigkeiten machen würde. – Und das hat es nicht getan. Ich konnte den ganzen Ausbildungsgang als Facharzt an der Klinik absolvieren.

Auf der geburtshilflichen Station mußte ich damals einen starken Kampf führen um das Stillen. Aus einer merkwürdig laschen Einstellung heraus ließen die praktischen Ärzte jener Zeit die meisten Frauen abstillen, sobald sich die geringste Schwierigkeit einstellte; dadurch war im Publikum die Anschauung entstanden, daß das Stillen der Mutter keinen besonderen Wert habe. Selbst die Schwestern vertraten den Standpunkt, daß man mit künstlicher Ernährung weiterkomme, und fütterten trotz Verbots heimlich zu, wenn die Gewichtskurve des Säuglings nicht schnell genug anstieg. Als ich dieser Situation nicht Herr werden konnte, obwohl ich sogar nachts kontrollierte, gab mir der Oberarzt den Rat, ab und zu ein tüchtiges Donnerwetter gegen die Schwestern loszulassen; das sei nötig, um Disziplin zu halten. Man brauche sich dabei selbst gar nicht zu erregen, sondern müsse es ausschließlich als notwendige Erziehungsmaßnahme ansehen, meinte er. Trotz innerlicher Scheu davor, habe ich diese Methode dann angewandt – und mit Erfolg! Daraus habe ich für mein späteres Leben die Lehre gezogen, daß Menschen, die nicht im eigenen Interesse arbeiten, ab und zu einer kräftigen Aufmunterung bedürfen, um in ihrem Eifer nicht zu erlahmen.

Weil man die Wöchnerin nur kurze Zeit in der Klinik hatte, konnte man sie leider nicht nachhaltig genug beeinflussen. Eine durchgreifende Änderung in der Stillfrage brachten erst die schon vorerwähnten Schlossmannschen Säuglingsfürsorgestellen, die im Bezirk Düsseldorf im Rheinland bald darauf unter Mitwirkung von Dr. Marie Baum weitschauend eingerichtet wurden.

Schwer bedrückt hat mich in der Frauenklinik die nie leere Sepsisabteilung. Blühend gesunde Frauen bekamen nach glatter Entbindung Kindbettfieber und siechten dahin. Wir fanden keine Ursache. Im Entbindungszimmer herrschte peinliche Asepsis, auf der Station desgleichen. Und doch! – Im Publikum wurde jeder Todesfall an Kindbettfieber der Klinik zugeschoben, einer Unsauberkeit der Hebamme, der Ärzte oder der Studenten. Die Notwendigkeit der vielfachen Untersuchung durch die Famuli war ja auch belastend; durch sie konnte möglicherweise eine Infektion zustande kommen, obwohl die Famuli durch uns Ärzte und die Hebammen bei der Händedesinfektion aufs schärfste kontrolliert wurde. Mir fiel damals aber auf, daß die Klassenpatientinnen prozentual erheblich weniger an Kindbettfieber erkrankten als die einfachen Frauen aus dem Volke und daß auch die Hausschwangeren (bis zur Entbindung in der Klinik aufgenommene Frauen) nur selten befallen wurden. Dabei kam mir der Gedanke, ob nicht Lebensweise und Gewohnheiten eine Rolle spielen könnten, wie ich das später in meiner eigenen Praxis dann feststellen konnte.

Im zweiten Jahr meiner Kliniktätigkeit bekam ich die Leitung der geburtshilflichen Poliklinik, von der aus wir in die Stadt und aufs Land gerufen wurden zu pathologischen Entbindungen, mit denen die Hebammen nicht allein fertig wurden. Das war eine äußerst interessante Tätigkeit. Es gab damals noch keine Autos für die Kliniken. Autos kosteten noch 30000 bis 40000 Mark und mehr und waren deshalb

Vorbehaltsgut für reiche Leute. Uns holte für solche Fahrten ein Landauer mit zwei Pferden ab. Wenn dann der Diener nachts an die Tür klopfte und rief: «Fräulein Doktor, da ist 'ne Meldung», dann hieß es sich eilen. Ich hatte vorsichtshalber immer schon Hut und Mantel bereitliegen. Meine Famuli haben mehr Zeit auf ihre Toilette verwandt als ich und mich deshalb oft warten lassen. Häufig ging es über die Brücke auf die andere Seite des Rheins, manchmal auch – im Winter bei Eisgang – holte uns ein Boot herüber, wobei ich besonders zwei schwere Fälle in Mondorf in Erinnerung habe. Wir erlebten schwierige und auch sehr komische Situationen, die zu erzählen zu weit führen würde. Im ganzen aber habe ich gemerkt, daß die Frauen froh waren, wenn ich als *Ärztin* kam. Es lebt eben noch viel gesundes Schamgefühl im Volke, und es ist nicht so, wie die männlichen Kollegen immer behaupten, daß die Frau sich mit dem «Letzten» lieber dem Manne offenbare als der Frau. Alle, die das behaupten, kennen das sogenannte «Letzte» der Frau gar nicht. Als ich im 3. Jahr die Poliklinik wieder abgegeben hatte, hat es, wie der Dienst erzählte, bei den Meldungen immer wieder geheißen, man möchte das Fräulein Doktor haben. Dies noch nach Jahr und Tag. Meine Kräfte haben immer ausgereicht. Die größte Anstrengung brachte mir ein poliklinischer Fall von Eklampsie. Es mußte die in der Geburt stehende, bewußtlose Frau schnell in die nahe Klinik gebracht, aber dabei zwei enge Wendeltreppen hinuntergetragen werden zum Wagen. Zur Hilfe hatte ich nur den Ehemann, den ich genau instruierte, wie er mit mir zusammen die Frau auf der Brust tragen müsse. Auf halber Treppe ließ er los, und dann hatte ich die schwere Frau, die in ihrer Bewußtlosigkeit noch schwerer zu handhaben war, bei nicht mehr guter Körperlage allein herunterzuschaffen. Ich habe es mit Aufbietung aller mir verfügbaren Energie geschafft, weil es sein *mußte*. Hinterher hatte ich 14 Tage einen allgemeinen Muskelkater.

Im dritten Jahr kam ich auf die gynäkologische Station, das ist die Station, auf der operiert wird. Wir operierten damals bei 26 Grad Celsius, weil wir den Körper der Kranken entblößten und vor der Operation mit Sublimatlösung (Desinfizierungsmittel) übergossen. Die Mode ließ die Frau gerade hohe steife Stehkragen mit Schlips tragen. Ein besonderes waschbares Operationskleid kannten wir zu der Zeit noch nicht. Während nun die männlichen Kollegen ihre Kragen und Schlipse der Hitze wegen ablegten, behielt ich beides an, weil ich mir keine Nachlässigkeit vorwerfen lassen wollte. Das war eine Qual, um so mehr, als wir noch große Gazetücher über dem ganzen Kopf trugen und dicke sterilisierte Mäntel über dem Kleid. Zum Glück hatte meistens der Kragen ein Einsehen, indem er beim Schwitzen bald zusammenschrumpfte.

Der Geheimrat operierte viel vaginal; dabei haben wir stehend stundenlang assistiert, manchmal mit dem Bein der Patientin auf dem Rücken, was recht anstrengend war. Ich habe auch da nicht versagt und habe weniger gefehlt als die männlichen Kollegen, weil ich nicht rauchte und auch kein Trinkgelage mitmachte. Unsere Zusammenarbeit – wir waren fünf Herren und eine Dame – war sehr harmonisch. Entgegen der üblen Gewohnheit der Dozenten bzw. der Mediziner, Zoten zu reißen, wozu ja viel Gelegenheit gegeben ist, habe ich in den drei Jahren meiner Tätigkeit an der Universitätsfrauenklinik in Bonn keinen einzigen mir unangenehmen Witz gehört, obwohl ich sehr empfindlich war. Ich glaube, daß die Klinik damit bezüglich Formen und Ethik wohl an erster Stelle stand. Auch in bezug auf die Behandlung der Patienten war der Ton ein vorzüglicher. Der Geheimrat Fritsch hatte die Parole ausgegeben: «In

meiner Klinik soll kein unnützer Schmerzenslaut ertönen!»
– Dem strebten Assistenten und Schwestern nach.

Zwei Erlebnisse sind mir in Erinnerung geblieben, bei denen ein jüngerer Kollege sich innerlich noch gegen eine volle Anerkennung der Frauenarbeit auflehnte; das war einmal, als ich von einem früheren Volontär, der inzwischen die Leitung der Geburtshilflichen Station übernommen hatte, zu Hilfe gerufen wurde zu einem Fall, mit dem er nicht fertig wurde. Er hatte anderthalb Stunden lang vergebliche Versuche gemacht, eine pathologische Geburt zu beenden, übergab sie dann mir und mußte erleben, daß ich sie auf Grund meiner größeren Erfahrung binnen zwei Minuten beendete – dies in Gegenwart der üblichen vier Studenten und der Hebammenschwestern, was ihm wohl peinlich war. Am nächsten Mrogen fügte er seinem Bericht vor dem Chef hinzu: «Aber ein Gesicht hat Fräulein Doktor dabei gemacht, das war nicht mehr weiblich.» Der Eingriff war nämlich anstrengend gewesen. – Ein anderes Mal hörte ich ungewöhnliches Schreien im Geburtssaal, das mich veranlaßte hinzugehen, obwohl der Geburtssaal nicht mehr mein Arbeitsgebiet war. Ich fand denselben Kollegen damit beschäftigt, bei einer sehr elenden Frau einen Eingriff ohne Narkose zu machen. Auf meine Frage, warum er keine Narkose machen lasse, antwortete er: «Sie ist mir zu schwach», worauf ich wortlos die Ätherflasche nahm und selbst Narkose machte, mit dem Erfolg, daß die Frau rasch einschlief, entspannte und er dann auf Grund der Entspannung in kurzer Zeit mit seinem Eingriff fertig war. Diese Begebenheit hatte eine für Männer typische Folge. Der Kollege beklagte sich beim Oberarzt, daß ich meine Befugnisse überschritten habe. Ungerufen hätte ich in seine Arbeit eingegriffen. Der Disziplin wegen nahm der Oberarzt Rücksprache mit mir und erklärte: Solch Durchgreifen dürfe ich mir als im Rang gleichgestellte Kollegin nicht gestatten, es sei das unkollegial. Auf meine Rückfrage, was er selbst in dem Fall getan haben würde, meinte er lächelnd: «Dasselbe wie Sie, aber ich bin übergeordneter Oberarzt.» – Mich aber würde nie Rücksicht auf Stellung und Kollegialität abhalten, habe ich ihm erwidert, einzugreifen, sobald ich eine Frau unnütz leiden sehe.

Im Januar 1909 verließ ich die Frauenklinik in Bonn und plante eine Niederlassung in Köln, bei der mir alle Bonner Kollegen helfen wollten. Vorher ging ich noch für einige Monate nach Freiburg im Breisgau zu Professor Krönig, der damals bahnbrechende Wege einschlug mit Frühbewegen und Frühaufstehen nach Entbindungen und Operationen als Vorbeugung gegen Thrombosen und Embolien, und der Versuche machte mit der schmerzlosen Entbindung im Dämmerschlaf (medikamentöser Halbschlaf). Seine Ideen leuchteten mir ein; ich wollte mich aber durch Augenschein von den Erfolgen überzeugen. So blieb ich drei Monate dort und arbeitete als Gast bei ihm. In dieser Zeit bin ich noch mehr von dem Vorteil seiner Bewegungsmethode überzeugt worden und habe sie seither eifrig kämpfend vertreten. Auch Dämmerschlafentbindungen habe ich gemacht.

Im April 1909 ließ ich mich in Köln nieder, und zwar als erste «Fachärztin für Frauenkrankheiten und Geburtshilfe» in Deutschland. Die Praxis fing schon nach dem ersten Zeitungsinserat langsam an. Mein biederes ostfriesisches Mädchen Talea, das mit Leib und Seele dabei war, kam bei jeder neu hereingelassenen Patientin strahlend zu mir mit den Worten «Dor is all weer een!» (Da ist schon wieder eine.) Als ich zur Übung des Telefonierens, das ihr noch fatal war, sie eines Abends mit verstellter Stimme von der Stadt aus anrief, ob Fräulein Doktor noch eine Patientin annehmen könne, antwortete sie mit Inbrunst: «Ja, bitte, *gern*!» Solche Verbundenheit lohnte ich ihr mit abendlichem Vorlesen aus der Bibel und aus dem Gesangbuch. Sie saß dann mit gekreuzten Armen aufmerksam folgend neben meinem Schreibtisch. Eines Abends nun war ich nicht recht bei der Sache und las deshalb wohl ohne gewohnte Betonung. Da blieb sie nach Beendigung unbeweglich sitzen und sprach die tadelnden Worte: «Van daag hemmen See neet moje leest!» (heute haben Sie nicht schön gelesen), und dann mußte ich alles noch einmal und mit besserer Betonung lesen. Nach alter Friesensitte brachte sie mir jeden Morgen um 7 Uhr «een Köpke Tee up Berd» (ein Täßchen Tee ans Bett), ob es mir gelegen war oder nicht. Eines Abends nun war ich spät sehr ermüdet nach Hause gekommen und hatte vergessen, das Korridorlicht auszuschalten. Als sie dann am nächsten Morgen mit dem Köpke Tee erschien, reagierte ich nicht. Da stellt sich Talea vor mein Bett und äußert mit erregter vorwurfsvoller Stimme, denn wir mußten sparen: «De heel Nacht het dat Lücht vöar brannt!» (Die ganze Nacht hat das Licht vorne gebrannt.) Erschrocken über solche Geldverschwendung fahre ich auf, und dann kam die köstliche Bemerkung: «Nu kann se de Oogen openmaken.» (Jetzt kann sie die Augen aufmachen.) – In ähnlich naiver, aber nie respektloser Weise hat sie mich ganze drei Jahre umsorgt. Sie machte die folgende harte Zeit mit mir durch und blieb mir treu.

Beruf und Familie

– – – Ehe

Ich komme nun zu dem schwersten Kapitel meines Lebens, glaube aber davon sprechen zu müssen, einmal aus psychologischen Gründen und dann auch, weil mit ihm eine entscheidende Veränderung in mein Leben trat. Wie ich seinerzeit Gustav Frenssen aus Überzeugung gesagt hatte, glaubte ich ohne Liebe vom Manne auskommen zu können, weil ich mit so vollem Herzen bei meiner Arbeit war und in einer Heirat eine Art Verrat an meinem leidenschaftlichen Streben für die Frauensache gesehen hätte. Nicht als ob ich, besonders nach der Hochzeit von Frida Busch, nicht auch ab und zu eine leise Sehnsucht nach einer eigenen Familie gehabt hätte, aber ich habe solche Empfindungen unmittelbar unterdrückt unter Vorhalt des Schillerschen Wortes aus der «Jungfrau von Orleans»: «Eine reine Jungfrau vollbringt jedwedes Herrliche auf Erden, wenn sie der irdischen Liebe widersteht.» Von dieser Einstellung beseelt, habe ich in Fällen, wo die Möglichkeit einer Annäherung vorlag, so stark abgewehrt, daß ich tatsächlich bis zum 35. Lebensjahr mit «Liebe» nicht das mindeste zu tun gehabt hatte. Wenn sie dann doch an mich herantreten sollte, so konnte das nur von einer Seite geschehen, bei der ich nicht darauf gefaßt war und gegen die ich deshalb nicht gleich in Kampfesstellung ging.

So gab es das Schicksal: Frida Busch hatte mich, als ich 1906 ohne sie wieder nach Bonn zurückkehrte, ihrer verheirateten Freundin dort empfohlen und sie gebeten, mir in ihrer

Dr. med. Hermine Edenhuizen (ca. 1908)

Familie einen Ersatz für das zu geben, was ich im Hause Busch gehabt hatte. Diese Freundin war die Frau von Dr. Heusler, sie eine Professorentochter aus Bonn und er praktischer Arzt, mütterlicherseits ein Enkel von David Friedrich Strauß. Mit beiden entwickelte sich ein ideales Freundschaftsverhältnis. Wir haben uns zwei Jahre lang gegenseitig

Dr. med. Otto Heusler (ca. 1908)

so viel gegeben, daß wir wie Kinder glücklich waren. Die reizende kleine Frau war eine lebhafte, frische Rheinländerin und er ein herber, in sich gekehrter, stiller Mann mit betontem Wahrheits- und Gerechtigkeitssinn, ein großer Verehrer seines Großvaters.

Wie es kam, haben wir alle drei nicht gemerkt. Aber am Anfang des dritten Jahres wußten Dr. Heusler und ich, daß wir uns liebten. Seit dem Bewußtwerden der Neigung haben wir auch gegen sie gekämpft. Ich erwog, ob ich Bonn verlassen solle, um der Gefahr ein Ende zu machen. Das

hätte für mich aber eine definitive Aufgabe meiner Fach-
ausbildung bedeutet, denn außer Fritsch war damals kein
führender Gynäkologe vorurteilslos genug, um mir eine
Assistentenstelle an seiner Klinik zu geben. Mein Leben
wäre zwiefach zerbrochen gewesen; die Aufgabe des so leidenschaftlich erstrebten Berufes hätte mir auch noch den
Halt genommen, den ich persönlich brauchte, um fest zu
bleiben im Kampf. War es Schicksal? – War es Schwäche gegen mich? Ich blieb noch ein ganzes Jahr in Bonn, das End-
jahr meiner Ausbildung. Und in diesem letzten Jahr wurde
in stetem Hin und Her die Bindung zwischen uns nur fester. Als ich 1909 Bonn verließ, geschah es indessen mit dem
Vorsatz zum endgültigen Verzicht.

Es kam anders. Wenn in solchen Situationen alle Menschen
der Umgebung das Richtige täten, könnten derartige Kon-
flikte vielleicht gelöst werden. Nun hat aber jeder der Hin-
einredenden seine persönliche Einstellung und sein eigenes
Naturell, die ihm das objektive Überdenken des bestmög-
lichen Verhaltens erschweren. Es wurde intensiv Partei genommen, für und gegen. Als fremder Eindringling in den
geschlossenen Kreis, als Vertreterin einer neuen Idee, als
Frauenrechtlerin geißelte man besonders mich, wobei wohl
auch eine verständliche Enttäuschung über mein Versagen
in diesem Kampf eine Rolle spielte. Diese starke Stellung-
nahme gegen mich rief aber begreiflicherweise Dr. Heusler
zu meiner Verteidigung auf den Plan und drängte uns er-
neut zusammen. Dr. Heusler entschloß sich dann zu einer
Scheidung von seiner Frau. Die drei Jahre bis zur rechtlich
erfolgten Scheidung waren für alle Teile schwer. Schwer für
die arme Frau und für den zwölfjährigen Sohn, der den Vater abgöttisch liebte, ebenso schwer aber auch für den Vater,
der seine Frau trotz Auseinanderlebens schätzte und mit
großer Liebe an dem Sohn hing. Schwer auch für mich, die

ich gewohnt war, den Kopf hoch zu tragen und ihn nun senken mußte in dem Gefühl, Anlaß für das Unglück zweier Menschen zu sein und für die Enttäuschung so vieler, die mir größere ethische Kraft zugetraut hatten. Ich dachte an Frenssen, der nun recht behalten sollte mit seiner Erwartung.

Von den vielen guten Freunden, die ich mir in meiner Arbeitszeit in Bonn erworben zu haben glaubte, blieben nur vereinzelte treu. Treu zu mir standen meine alten Freunde aus der Zeit *vor* Bonn, in erster Linie Frida Busch, Helene Lange und Marie-Luise von dem Hagen.

Als auf der Höhe des Konfliktes die Wellen über mir zusammenschlagen wollten und ich nicht mehr leben zu können glaubte, war es Frida Busch, die für mich zeugte, und Helene Lange, die sich mit mütterlicher Sorge einsetzte und feindlichen Urteilen entgegentrat, wenngleich sie mir selbst vorhielt, «ich sei wie ein kleines Nähmädchen, das sich verliebt habe». Nachdem sie aber in Dr. Heusler einen vornehmen Menschen erkannt hatte, hat sie in der Folge bei vielen Schwierigkeiten ihren Einfluß zu unseren Gunsten geltend gemacht. Aus Protest gegen mich verurteilende Frauenkreise nahm sie mich zunächst ostentativ mit auf eine mehrwöchige Reise ins Riesengebirge. Ich habe in diesen Jahren Helene Lange von einer Seite kennengelernt, die sie als Norddeutsche selten so offen zeigte. Es war tief sorgende, warmherzige und tatkräftige Mütterlichkeit, die ich erfuhr. Dabei gab sie mir Richtlinien für das weitere Leben mit den Worten: «Das können und müssen Sie alles niederleben!» – Unter dem Druck der Verhältnisse haben Dr. Heusler und ich kein jubelndes Glück genießen können in unserer Liebe. Wir sind nur fester und fester aneinandergekettet worden durch das damit verbundene Leid.

Schicksalhaft kam im Herbst desselben Jahres 1909 ein Ruf

an mich zur Niederlassung in Berlin. Dort war die in der Schweiz ausgebildete Fräulein Dr. Hacker gestorben, die in Berlin an der «Klinik weiblicher Ärzte» die chirurgischen Eingriffe ausgeführt hatte. Nach ihrem Tode hatte man keine Operateurin mehr. Obgleich ich Berlin als Großstadt so wenig liebte, daß ich sie als die Stadt bezeichnete, in der ich unter keinen Umständen leben möchte, folgte ich der Aufforderung mit einem Gefühl der Erleichterung. Im Rheinland hinterließ ich Feindseligkeit, in Berlin erwarteten mich Freunde.

Im April 1912 habe ich geheiratet. Im Herbst vorher war ich schon umgezogen in die Rankestraße 35, welche Wohnung wir uns zusammen ausgesucht hatten und jetzt einrichteten. An meiner Praxis änderte die Heirat nichts. – Dafür hatte schon Helene Lange gesorgt, die uns beide veranlaßte, einen scharfen Ehekontrakt zu schließen zum Schutz gegen die für die Frauen so ungünstigen Ehegesetze. Der Kontrakt lautete:

1. Hiermit erteile ich, der Ehemann, meiner Ehefrau die unwiderrufliche Ermächtigung, jederzeit ihren Beruf in vollstem Umfang nach eigenstem freiem Ermessen auszuüben.

2. Für unsere Ehe vereinbaren wir, daß dieselbe dem Rechte der Gütertrennung unterstehen soll, mit der Maßgabe, daß die Verwaltung des Vermögens, wie auch das Verfügungsrecht über das Einkommen, soweit das Vermögen und das Einkommen der Ehefrau in Frage kommen, einzig und allein dieser zustehen soll.

3. Wir vereinbaren ferner, daß die Gesamtkosten des Hausstandes, welcher Art sie auch seien, von uns gemeinsam je zur Hälfte getragen werden sollen und zwar so, daß, wenn die Einnahmen des einen oder anderen Teiles zur Deckung der auf ihn entfallenden

Hälfte nicht ausreichen sollte, derselbe den verbleibenden Fehlbetrag dem anderen Teil unter einer Verzinsung von 4 % schuldig bleibt.

Das war ein scharfer Kontrakt mit vielen Superlativen, aus dem die damalige Kampfeinstellung herausspricht. Mein geistig hochstehender Mann, dem ich nachher bald Procura über mein Konto gab, weil er mit dem Geld sorgsamer und sparsamer umging als ich, zeigte volles Verständnis und sah keinen Anlaß, durch die Kontraktschließung verletzt zu sein, wie das der Durchschnitt der Männer damals tat und auch wohl heute noch tut. In welchem Grade aber die Frau ohne den Schutz eines Ehekontraktes der Willkür des Mannes ausgeliefert war, erfuhr ich bald in der Praxis, als eine verheiratete Studienrätin mir weinend erzählte, ihr Mann habe hinter ihrem Rücken ihre so gute Stellung, an der sie hing, gekündigt, wozu er gesetzlich das Recht hätte!

Zu meinem Schrecken sorgte mein Mann sich, wenn ich nachts herausgerufen wurde, und machte dann jedesmal ein solches Raisonnement, daß ich am Telefon die Anrufenden nicht verstehen konnte, bevor er sich beruhigt hatte. Das hat er während der ganzen dreißigjährigen Ehe nicht abgelegt und tat es wohl instinktiv aus der ritterlichen Einstellung heraus, daß die beruflichen Unbequemlichkeiten dem Mann zuzufallen hätten. Galt das Telefon ihm selbst, dann stand er schnellstens auf und machte kein Lamento. In den Kriegsjahren, in denen die Autodroschken rar wurden, so daß ich den weiten Weg von der Kaiser-Wilhelm-Gedächtniskirche bis zum Stadtparksanatorium in Schöneberg nachts sehr oft zu Fuß gehen mußte, wollte er mich begleiten und meinen Koffer tragen. Aber ich machte ihm klar, daß das Unsinn sei, weil ich ja den Weg zurück doch allein gehen müsse und dann zwei Menschen die Unbequemlichkeit hätten statt einer. Anlagegemäß kannte ich keine Angst, habe im Gegenteil auf drohende Gefahren bis in mein hohes Alter hinein immer aktiv reagiert. In dem nächtlichen Berliner Straßenleben sind für Frauen eigentlich nur die Belästigungen liebebedürftiger Männer störend. Geht man aber energisch und schnellen Schrittes seines Weges, dann schreckt das gut ab. Wenn mich trotzdem jemand anredete, habe ich mit möglichst tiefer Stimme kommandiert: «Lassen Sie mich in Ruhe, ich bin Hebamme!» – Die Wirkung! Vor der energischen Hebamme sind alle förmlich zurückgeprallt; das Mittel hat niemals versagt. Ärztin sagte ich nicht, weil ich fürchtete, daß die ihnen hätte interessant sein können.

– – – Haushalt

Zur Zeit unserer Verheiratung, 1912, wurde in der Frauenwelt das Problem «Vereinigung von Beruf, Haushalt und Ehe» eifrig erörtert, schriftlich in Zeitungen und Zeitschriften und mündlich in Versammlungen. Das Resultat der vielen Artikel und Reden hätte einen mutlos machen können, denn alle kamen zu dem unheilvollen Schluß, daß bei solcher Vereinigung *ein* Teil leiden müsse, entweder der Beruf oder die Ehe, und unter allen Umständen der Haushalt. Die Kritik und die Sorge galten in erster Linie der intellektuellen Berufsfrau. An die große Zahl der verheirateten Bäuerinnen und Geschäftsfrauen war man gewöhnt und nahm wohl deshalb etwaige Mängel bei diesen als gegeben hin. Von der studierten Frau aber, die durch ihre Ausbildung aus der Norm der übrigen Frauenwelt heraustrat, erwartete man quasi als Ausgleich für solche Überheblichkeit ein Versagen auf dem speziellen Gebiete der nichtstudierten Frau, im Haushalt und in der Ehe.

Ich erkenne die Schwere der Haushaltsführung voll an, sofern sie sorgfältig betrieben wird. Von morgens bis abends werden Anforderungen an die Hausfrau gestellt, weit über acht Stunden hinaus und sogar an Sonn- und Feiertagen. – Wie selbstverständlich lassen sich Vater und Kinder von ihr bedienen, so daß ihr für sich selbst kaum Zeit bleibt, die Zeitung zu lesen, geschweige denn ein Buch. In dieser Art Hausfrau sein kann die beruflich tätige studierte Frau natürlich nicht, dafür würde schon die Zeit fehlen. Aber sie kann den Haushalt leiten und sich für das im Beruf verdiente Geld die erforderlichen Hilfskräfte dazu engagieren, wobei es dann auf ihr Organisationstalent ankommt, daß diese Ersatzkräfte funktionieren. Außerdem aber haben sich die Begriffe über Haushaltsführung inzwischen auch etwas geändert. Der bisher von zu viel Servilität eingelullte Mann hat einsehen gelernt, daß es seiner Würde keinen Abbruch tut, wenn er in seiner freien Zeit mit Hand anlegt in dem «gemeinsamen» Haushalt und sich nicht bedienen läßt. Die scharfe Trennung zwischen «Arbeit der Frau» und «Arbeit des Mannes» tritt langsam zurück vor dem Begriff des Gemeinsamen, gottlob!

In der noch unmodernen Zeit um 1912 habe ich mir in der Praxis die verschiedenen Haushaltungen kritisch angesehen. Zunächst die der nicht berufstätigen Frauen. Dabei habe ich gefunden, daß diese durchaus nicht immer einwandfrei waren. Wenn ich bei Hausentbindungen von ungefähr in den Wäscheschrank hineinsah, dann herrschte in dem oft ein wildes Durcheinander, wie ich es bei mir nicht geduldet hätte. Tadellos eingeordnete Schränke mit blitzsauberer Wäsche sah ich verhältnismäßig wenig. Entsprechend dem Schrank fand ich das übrige Haus. Also: das

«Nichtberufstätigsein» ist keine sichere Gewähr für einen gut geführten Haushalt. – Wie sah es nun in den Haushaltungen der berufstätigen Frau aus? Ich habe da Einblick gehabt bei Akademikerinnen, bei Schauspielerinnen, bei Malerinnen, bei Geschäftsfrauen etc. Bei einigen war der Haushalt musterhaft in Ordnung, bei dem Durchschnitt mittelmäßig und bei dem Rest mangelhaft, genau wie bei den Nichtberufstätigen, woraus man den Schluß ziehen muß, daß es nicht auf die Berufstätigkeit oder Nichtberufstätigkeit ankommt, sondern ausschließlich auf die Disziplin der leitenden Persönlichkeit. Eine disziplinierte Persönlichkeit mit Sinn für Ordnung hält in jeder Lebenslage um sich herum Ordnung, ob sie berufstätig ist oder nicht. Ich möchte aber annehmen, daß die berufstätige Frau durch die Ausübung ihres Berufes weiter erzogen wird zu steigender Disziplin, daß sie dabei besser lernt zu organisieren als die Frau ohne Beruf. Wie war es nun in unserem Haushalt? Selbst bin ich mit einem starken Ordnungssinn auf die Welt gekommen. Man hat mir schon als halbwüchsigem Mädchen nachgesagt, daß ich dauernd am Aufräumen sei. Staub in meiner Umgebung verursacht mir körperliches Unbehagen. Deshalb habe ich nur saubere Mädchen engagiert, die bald merkten, daß mir keine Unordnung und kein Staub entging. Zu meiner großen Erleichterung war mein Mann genauso ordentlich. Ergänzend zu mir griff er organisatorisch ein und ruhte nicht eher, als bis jeder Gebrauchsgegenstand seinen bestimmten Platz hatte an solidem Haken, in solidem Schrank und in sicherem Fach. Das hatte das erfreuliche Resultat, daß bei uns im Hause nie gesucht zu werden brauchte. Es stand und lag jeder Gegenstand an seinem ordnungsgemäßen Platz, auf den er nach Gebrauch sofort zurückgelegt wurde. Eine Schwierigkeit entstand, als ich durch die zunehmende Geburtshilfe so oft und lange vom Hause abwesend war, daß ich den Angestellten meine Wünsche nicht mitteilen konnte. Da organisierte mein Mann einen Zettelverkehr. Er sorgte, daß in jedem Zimmer bequem greifbar ein Papierblock hing mit Bleistift daran. Hatte nun einer von uns den Angestellten etwas zu sagen, dann schrieben wir das auf einen Blockzettel und legten den sichtbar an die Stelle, wo wir ihn gelesen haben wollten. Dabei drückte sich mein Mann oft sehr drastisch aus. Fand er eine Unsauberkeit, dann erschien dort alsbald ein Zettel mit «Pfui» etc. Die «Depeschen», wie die Hausangestellten sie nannten, leisteten ausgezeichnete Dienste. Die kurze, schriftliche Anordnung prägt sich besser ein als ein eilig hingesprochenes Wort, und die schriftlich geäußerte Rüge läßt Schärfen vermeiden, weil sie keine Gelegenheit gibt zu Widerreden. Auf jeden Fall waren bei uns die Depeschen gut beachtet und sogar gefürchtet. Selbst hatte man durch sie die Erleichterung, seinen Kopf schneller entlasten zu können. Wir persönlich gebrauchten in gleicher Weise jeder einen Block für uns persönlich für unsere Tageseinteilung. Was wir erledigt hatten, strichen wir durch, was nicht fertig geworden war, wurde für den nächsten Tag neu aufnotiert. Solche Ordnung erspart viel Ärger.

Während wir uns in den Grundzügen der Ordnung auf gleichem Boden trafen, gingen wir in zwei Richtungen etwas auseinander, das waren die Fragen der «Schönheit», wie mein Mann dies Gebiet bezeichnete, und die der «Pünktlichkeit». Ich hatte starken Sinn für Harmonie und Schönheit in der Umgebung, während mein Mann für einfache sparsame Sachlichkeit eintrat. In dieser Frage hat er mir langsam mehr und mehr nachgegeben, bis er als älterer Mann es mir fast gleichtat. Aber am Anfang hat er sich oftmals Sorge gemacht wegen meiner diesbezüglichen Ausgaben und meiner Neigung zum Geldausgeben, zum Kaufen und Schenken überhaupt. Die habe ich nämlich vom Vater geerbt, der einstmals nach Hamburg fuhr, um sich ein Doktorcoupé zu kaufen, und dann mit zwei Landauern wiederkam, einem kleinen für sich und einem großen für die Familie, die schon ihren Wagen hatte. Der Vater, der sich wegen dieser an mich vererbten Anlage wohl auch Gedanken gemacht haben muß, hat mir einmal tröstend gesagt: «Du wirst vernünftig genug sein, um sparsam zu werden, wenn es nötig ist.» – An den Trost hat sich auch mein Mann gehalten. Bezüglich Pünktlichkeit, die für die gesamte Haushaltsführung wichtig ist, bin ich von ihm erzogen worden, und zwar in kurzer Zeit. Solange ich allein wohnte, hatte ich mich nie um das Einhalten der Mahlzeiten gekümmert, war bald um ein Uhr mittags dazu erschienen und bald um drei Uhr, zum Entsetzen der Angestellten. Das wurde anders, als meine Unpünktlichkeit meinen Mann mit belästigte. Da lernte ich, daß guter Wille auch Zeitschwierigkeiten überwinden kann. Es wurden nach einigen Wochen der Umstellung die Mahlzeiten bei uns pünktlich eingenommen.

Weil ich voraussah, daß ich bei zunehmender Praxis selbst nicht viel Zeit zur Mitarbeit im Haushalt haben würde, habe ich die Angestellten von Anfang an selbständig arbeiten lassen. Ich gab ihnen alle Schlüssel, so daß ich mir von ihnen herausgeben lassen mußte, was ich brauchte, ließ sie selbst einkaufen, Menü machen und kochen. Meiner Erfahrung nach arbeiteten sie bei solcher Selbständigkeit freudiger. Aber um derart den ganzen Haushalt fremden Menschen anvertrauen zu können, darf man keine unübersehbaren Schätze besitzen. Deshalb hatte ich kein Silber angeschafft, sondern plated (versilbert) in schönen Formen; Wäsche gerade ausreichend. Diese Methode hat sich gut bewährt. Mir ist im Lauf der langen Jahre wenig entwendet worden. Der Haushalt lief gut und glatt, und es herrschte in ihm tadellose Sauberkeit. Die Angestellten blieben durchweg mehrere Jahre. Ihre Zahl stieg langsam von einer auf drei, was die große Schattenseite mit sich brachte, daß Eifersüchteleien unter ihnen zu Differenzen und Entlassungen führten. Wechsel von Angestellten aber ist mir jedesmal ein Schrecken gewesen und hat mir mehr Sorge gemacht als Nöte in der Praxis. Es fehlte mir an Zeit zu sorgfältigem Suchen nach Ersatz.

Interessant ist es gewesen, wie alle Köchinnen langsam, aber sicher ihre Küche verbesserten und bald einwandfrei nach unserem Geschmack kochten, ohne daß ich jemals in die Küche ging. Das erreichten wir wieder durch Depeschen, die dem servierenden Mädchen für die Köchin auf das Tablett gelegt wurden. Darauf standen meistens kleine Wünsche meines verwöhnten Mannes bezüglich Gewürz und Art des Kochens oder Zusammenstellung der Speisen, ab und zu auch ein Vorschlag von mir, der gewöhnlich ostfriesische Gerichte betraf. Weil jeder Mensch lieber Lob hört als Tadel, bekamen wir schließlich auffallend oft unsere Lieblingsspeisen, für die wir uns dann per Depesche bedankten. Einmal allerdings hat mir eine Köchin, deren Kochkunst ich schon zu sehr vertraute, einen bösen Streich gespielt. Wir hatten eine kleine Gesellschaft mit illustren Gästen. Es sollte als Vorspeise Pasteten geben von Miericke, dem bekannten Berliner Konditor, der unter uns wohnte. Die Konditorei schickte die Pastetenfüllung schon morgens herauf und die Pasteten selbst warm aus dem Ofen zu Beginn des Essens. – Und was geschieht? Die Köchin füllt die kalte Füllung in die warmen Pasteten! Helene Lange, die mit dabei war, lachte und aß die zweite Pastete, nachdem ich mich auf die «häusliche Unzulänglichkeit der berufstätigen Frau» hin entschuldigt hatte. Seit diesem Erlebnis aber nahm ich jedesmal für Gesellschaften einen Koch, obwohl das meiner «frauenrechtlerischen Einstellung» nicht entsprach. – Unser System hatte aber einen Haken. Es wurde nicht sparsam gewirtschaftet. Wir ließen uns wohl, bald mein Mann, bald ich, wer gerade Zeit hatte, regelmäßig das Wirtschaftsbuch vorlegen, hatten aber beide keine Ahnung von den Preisen und konnten deshalb nicht kontrollieren. Wenn jemand von uns zufällig auf dem Markt einen Preis erfahren hatte, dann haben wir dies Wissen aber gleich monierend oder lobend angebracht. – Im übrigen vertraten wir den Standpunkt, daß erhöhte Ausgaben im Haushalt ausgeglichen würden durch den Verdienst der Hausfrau, und haben uns darüber hinweggesetzt.

Obwohl bei uns der Haushalt gut funktionierte, habe ich das «Haushaltführen» an und für sich immer als eine Erschwerung des Lebens angesehen. Warum muß für jede Familie von manchmal nur zwei Personen extra gekocht, abgewaschen, gewaschen und gewirtschaftet werden? Ist das nicht viel zu kostspielig, viel zu umständlich und viel zu zeitraubend? Mein Ideal wäre ein Häuserblock mit etwa 1000 Wohnungen von zwei bis sechs Zimmern und einer Wirtschaftszentrale. Wie wir jetzt schon dankbar von einer Gemeinschaftsleitung Wasser nehmen, von einer Zentrale das elektrische Licht und aus der Zentralheizung die Zimmerwärme, so würden wir uns gerne auch von der Wirtschaftszentrale stundenweise Arbeitskräfte entlehnen zum Säubern der Wohnung, würden uns von ihr jede Woche einen Speisezettel vorlegen lassen zur Bestimmung der Menüs und hätten dann nichts zu tun mit Angestellten, nichts mit Einkaufen, Kochen und auch nichts mit dem fürchterlichen Geschirrabwaschen, wenn das zubereitete Essen uns auf Zentralgeschirr serviert würde. Bei alledem bliebe es noch jedem Bewohner überlassen, sich in einer Kochnische seine Einzelwünsche zu befriedigen oder Geschmackskorrekturen vorzunehmen. Der Zentrale könnte zur Vollendung eine Wasch- und Nähstube angegliedert werden wie auch ein Kindergarten. Das wäre für die berufstätigen Frauen, deren Zahl seit den Kriegen wächst, eine außerordentliche Erleichterung. Sie wäre nicht mehr doppelt belastet durch Beruf und Haushalt. Befreit von dem Druck des täglichen Kleinkrams wie allein schon dem nie abbrechenden Geschirrwaschen, würde auch die nichtberufstätige Frau dem Ehemann seelisch und geistig eine bessere Kameradin sein können. Sie würde ihn bei der Rückkehr von seiner Arbeit frisch empfangen und ihm nichts vorzujammern haben von Haushaltsnöten. Ich habe diese Ideen oft an meine Patientinnen herangebracht, zumal sie ja in Amerika schon vielfach Wirklichkeit geworden sind. Aber die guten Deutschen wollten nichts davon wissen, wiesen auf die zwei mißglückten Berliner Versuche mit «Einküchenhäusern» hin, die am Mangel jeglicher Großzügigkeit gescheitert sind, und hielten weiter fest an dem «individuellen» Kotelett für sich und besonders für den Mann. Indes glaube ich, daß der Zug der Zeit zu solchen Neuerungen nicht aufzuhalten ist, womit sich dann auch die sorgenvollen Diskussionen über eine Vereinigung von Beruf und Haushalt von selbst erübrigen werden.

Nun die Vereinigung von Beruf und Ehe: Im Hinblick darauf haben mir psychisch bewegte Frauen, die sich der verheirateten Ärztin gegenüber gerne aussprechen, reichen Einblick gegeben. Dabei habe ich wieder erfahren, daß Bäuerinnen und Geschäftsfrauen durchweg gute Ehen führen. Es besteht hier gleichwertige, achtungsvolle Verbundenheit zwischen Mann und Frau. Ich hörte nicht dauernd:

«Mein Mann meint ...», «Mein Mann sagt ...», «Da muß ich meinen Mann fragen!», sondern mehr: «Ich bin der Meinung ...», oder «Wir haben uns überlegt ...» Es kommt die Frau zur Geltung und dadurch zu Selbstvertrauen. Das erklärt sich aus der doppelten Bindung der Ehegatten, einmal aus der sexuellen von Mann und Frau und dann aus der nicht minder starken an das gemeinschaftliche Werk, den Hof oder das Geschäft. Der Mann kommt in diesem Verhältnis zu einer richtigen Wertung der Arbeit der Frau, weil er ihre Leistung auf seinem eigenen Gebiete sieht, wo er sie besser einschätzen kann als im Haushalt, dessen Arbeitsanspruch er nicht kennt und gewohnheitsmäßig erheblich unterschätzt. Bei Meinungsdifferenzen entscheidet nicht aus Prinzip der Wille des Mannes, sondern vernunftgemäß das Wohl des Hofes oder des Geschäftes. Schwierig schienen mir demgegenüber die Eheverhältnisse ohne berufliches Mitverdienen der Frau zu sein. Der nur im Haushalt tätigen Frau fehlt geistige Anregung von außen, wofern sie nicht gehobeneren und begüterten Kreisen angehört, in denen ihr die gesellschaftliche Stellung und das Geld Zugang dazu verschaffen. In den prozentual überwiegenden Mittelschichten ist sie mit Putzen, Waschen, Kochen und Abwaschen etc. voll beschäftigt und versucht dann, ihren geistigen Hunger durch den ermüdet von der Arbeit zurückkehrenden Mann befriedigen zu lassen. Das bedeutet aber für diesen eine Nervenkrise. Die zweite Krise entsteht dadurch, daß sie seine Arbeit nicht versteht und er die ihre unterschätzt. Beide werden ungeduldig, und bei dem Mann entsteht dann langsam das Gefühl, daß er sich abquälen müsse, um diese Frau mit zu ernähren, die selbst bequem lebe. – Ich habe vor kurzem in Süddeutschland eine Sitzung der Evangelischen Akademie mitgemacht. Es waren Ingenieure aller Stellungen geladen und das Thema gestellt: «Wie vereint sich der Beruf mit dem Familienleben?» Die Besprechung war tiefernst, beseelt von dem Willen zum Helfen. Und was enthüllte sich? – Fast alle Herren – durchweg 45 Jahre alt – sprachen offen aus, daß die Sekretärinnen, mit denen sie geistig alle ihre Sorgen durcharbeiteten, ihnen mehr zu geben imstande seien als die Ehefrauen, die von ihren speziellen Aufgaben nichts verstünden und bei ihrer Heimkehr höchstens nach dem Verhalten des Chefs und nach geldlichen Einnahmen fragten, im übrigen ihnen aber vorjammerten von ihren Haushaltsnöten, die sie langweilten. Dieses «Sich-Langweilen» bei dem Bericht der Frau über *ihren* Beruf ist von seiten des Mannes aber ein ebenso großes Versagen in der Familienpflege wie das fehlende Verständnis der Frau für die Einzelheiten *seines* Berufes! Über diese Tatsache wurde hinweggesprochen! Kein einziger Mann empfand das als männliche Mitschuld. – Später wurde die Frage gestellt: «Warum heiraten denn die Männer geistig unzulängliche Frauen, wenn sie in der Ehe geistige Fähigkeiten von ihnen fordern?» Die Antwort lautete: «Ja, in der Zeit der ersten Liebe sieht man gewöhnlich nur auf Äußeres, das ist Natur und wird so bleiben.» Ein böses Omen für die Dauereinehe! – Aber die Frauenwelt sollte eine Lehre daraus ziehen. Sie sollte vor der Verheiratung ihre Zeit nicht mit Äußerlichkeiten vertun, sondern ihren Geist schulen, um später den eventuell komplizierten Anforderungen des Mannes genügen und mit den «Sekretärinnen» konkurrieren zu können. Gerade diese heute grassierende Sekretärinnenbegeisterung beweist, daß in jedem Zweierverhältnis die geistige Bindung die Hauptsache ist.

Was ist nun mit der Ehe der berufstätigen Akademikerin? Sie bringt als neues Moment die Gleichheit an Bildung, Denkfähigkeit und Kritik beider Eheleute, was für den Mann alter Ordnung ein Problem werden kann, wenn er auf seiner Vormachtstellung in der Ehe, wie sie Gesetz und Sitte ihm in Deutschland noch zusprechen, betont besteht. Es gilt da Kompromisse zu machen. Nach außen hin in Form von Ehekontrakten, wie Helene Lange einen solchen für unsere Ehe aufgestellt hatte, und im Zusammenleben von seiten des Mannes als Verzicht auf Rechte, deren Entstehungsbasis überholt ist. Ein Mann nach altem Stil, der in der Ehe auf allen Gebieten der «Herr im Hause» sein will, kann mit einer selbstbewußten, berufstätigen Frau nicht in Ruhe und Frieden leben. Zur harmonischen Ehe mit ihr gehört ein Charakter, der über sein Mannestum hinweg in seiner Frau den strebenden Menschen sieht, dem er gerecht werden und den er fördern will. Solch ein Charakter war mein Mann. Das harmonische, beglückende Leben mit ihm zusammen hat einen wesentlichen Einfluß gehabt auf mein Arzttum. Während der Zeit, in der ich mir mit dem Schillerwort half, hatte ich eine gewisse Härte in mir wachsen lassen, die menschliche Schwäche scharf verurteilte. Diese Härte wurde erschüttert durch mein eigenes Erleben. Aber erst unter dem Einfluß meines gütigen und abgeklärten Mannes gelang es mir in der Ehe, mich zu einer gleichmäßigen, verstehenden Milde durchzuarbeiten. Das Glück mit ihm wurde mir eine Quelle der Kraft, aus der ich weitergeben konnte an meine Patienten. Auch medizinisch habe ich in der Aussprache mit ihm meine früheren Anschauungen und Urteile vielfach korrigiert und manches erfahren, was ich als Frau aus Büchern nicht hätte wissen können. So habe ich eingesehen, daß erst die Ergänzung männlicher und weiblicher Denk- und Empfindungsart die volle menschliche Reife zeitigen kann, weshalb Ehen von studierten, berufstätigen Frauen zu begrüßen sind.

Die geistige Richtung unseres Hauses hat mein Mann bestimmend in der Hand gehabt. Er war Ästhet und musikalisch. Weil er alle Übertreibungen mißbilligte, herrschte bei uns eine gesunde Mäßigkeit. Wie schon erwähnt, war Rauchen verpönt; Alkohol gab es in mäßigen Mengen, aber gut. Höchstkultur herrschte bezüglich Tee und besonders Kaffee, den er in großer Zeremonie gerne selbst zubereitete, weil ihn niemand ihm sorgfältig genug machte. Bezeichnenderweise gab es aber nur ein Expreßglas voll für jeden. Das Schönste aber, was er der Familie schenkte, war die Musik und die Erschließung der Bergwelt. Jeden Sonnabendabend wurde bei uns Quartett gespielt. Mein Mann selbst spielte Cello. Der erste Geiger, Otto Nihitits, ein bekannter Kammermusiker in Berlin, dirigierte und sorgte für ernstes Üben. Zweiter Geiger war Karl Hennemann, ein namhafter Kunstmaler und Graphiker, der ebenso gut spielte wie malte, und Bratschist war ein hochintelligenter Volksschullehrer aus Berlin-N, Oskar Rachow, der uns viel Anregung brachte. Mit diesen drei Herren und ihren Familien verknüpfte uns 25 Jahre lang ein Band warmer Freundschaft, bis 1943 Krieg, Krankheit und Tod alles auseinanderriß. – Entsprechend seiner ganzen Einstellung bevorzugte mein Mann die klassische Musik, Beethoven, Mozart und Haydn; auch Schubert, Brahms und Dvořák wurde gespielt. Als 70jähriger drängte er noch zu den letzten, technisch für ihn zu schweren Beethovenquartetten. Dieser Schluß der arbeitsreichen Woche mit dem Sonnabendquartett war uns beiden und später auch den Kindern wie ein Dankgottesdienst. Selbst bin ich doch nicht unmusikalisch, habe vor der Gymnasialzeit und wieder während des Studiums gerne Klavier gespielt und auch noch Unterricht genommen, aber gegenüber der tiefen Musikalität meines Mannes mußte ich einpacken und mich begnügen mit der Klavierbegleitung seines Cellospiels am Weihnachtsabend. Das tat ich auch aus Überzeugung, nachdem ich in den Kammermusikkonzerten der Singakademie, die wir regelmäßig hörten, seine tiefe musikalische Ergriffenheit miterlebt und erfaßt hatte. –

Den Sommerurlaub verbrachten wir regelmäßig in den Bergen. Zur Hauptsache in Tirol. Wir ruhten uns dort in dem höchstgelegenen Ort eines Tales, wie Galtür im Paznauntal, wie Ginzling im Zillertal oder St. Valentin auf dem Reschenpaß, zunächst 8 Tage von der Arbeit aus, machten in der folgenden Woche kleinere Tagestouren, um dann in der 3. Woche eine Hochtour zu unternehmen, von der wir uns in der 4. Woche wieder ausruhten. Das ging alles planmäßig bei uns, worüber wir oft selbst lachen mußten. Aber der Leistungs- und Erholungserfolg sprach für diese Methode. Vor meiner Verheiratung hatte ich mich als Kind der Ebene nie an Hochtouren herangewagt. Mit meinen Geschwistern zusammen beschränkte ich mich auf größere Wanderungen im deutschen Mittelgebirge oder in der Schweiz, Touren, die mich schon sehr begeistert haben. Aber was mein Mann mir erschloß, war höherer Art. Wir haben in Tirol viele schöne Bergbesteigungen gemacht und hatten Pläne für noch viel mehr, als der Erste Weltkrieg mit der anschließenden Inflation alles zerstörte. Immerhin haben wir 1921, als 50- und 54jährige, in der Silvrettagruppe noch den Piz Buin zusammen bestiegen und sogar unter schwierigen Verhältnissen. Von dieser letzten Tour ist mir in lebhafter Erinnerung geblieben, wie wir nach für mich mühevoller Überwindung von zwei ausgedehnten Eiswänden und zwei Kaminen bei herrlicher Sicht oben ankamen. Da wanderte mein Mann gleich weiter zum höchsten Aussichtspunkt und stand ergriffen da, in Andacht versunken. Bergwelt und Musik waren ihm Religion. Und ich Banausin ließ mich auf dem nächsterreichbaren Stein nieder und

Wohnung und Praxis in der Rankestr. 35, Berlin, zwanziger Jahre

genoß befriedigt die Tatsache des Erfolgs, oben angekommen zu sein. Die Freude an der Bergwelt kam erst hinterher.

In den folgenden Jahren haben wir uns wegen zunehmenden Alters auf kleinere Touren beschränkt, sind aber Tirol treu geblieben. – Hat die Ehe nun gelitten unter meinem Beruf? Wenn man geistig und seelisch so stark verbunden lebt, wie es uns beiden vergönnt war, dann kann nichts stören. Sicherlich, mein Mann hat in den Jahren meiner schweren Arbeit, in denen ich Tag und Nacht tätig war, viel Sorge um mich gehabt und sich auch gewünscht, daß uns etwas mehr Zeit bleiben möge zum Zusammensein. Aber weil er wußte, mit welcher Leidenschaft ich an meinem Beruf und meiner Aufgabe hing, hat er deswegen nicht gehadert, sondern in seiner gütigen Art sich nur gemüht, mir Erleichterung zu schaffen. So nahm er mir alle Verhandlungen mit Behörden prinzipiell ab. Wenn ich morgens von der Nachtarbeit nach Hause kam, sorgte er für absolute Ruhe im Hause. Kam ich noch während der Nacht zurück, dann fand ich immer einen Sessel bequem zurechtgerückt, mit einer Decke darüber ausgebreitet zum Zudecken, auf einem Tischchen daneben eine kleine Leckerei, Schokolade, ein Glas Wein, Obst etc. Ich konnte dann erst abreagieren, bevor ich zur Ruhe ging. Noch weiter ging seine Fürsorge. Weil wir alle unsere Arbeitserlebnisse miteinander besprachen, war er über jeden Sorgenfall von mir orientiert. Er kannte meine fast selbstquälerische Sorge, besonders in den ersten Jahren der Praxis. Kam ich dann morgens in die Klinik zur Visite, dann passierte es, daß der Fahrstuhldiener mir berichtete: «Der Dame im Zimmer x geht es besser!» oder «Es geht der Patientin nicht schlechter …» Ich wunderte mich über die Aufmerksamkeit der Oberin, mir so schnell Auskunft geben zu lassen. Als ich mich deshalb bei ihr bedankte, erfuhr ich, daß das auf Veranlassung meines Mannes geschehen sei, der mir nach Möglichkeit einige Minuten der Spannung ersparen wollte. – Die mich beunruhigenden Fälle hat er regelrecht mit mir durchgearbeitet daraufhin, ob mich eine Schuld treffe, ob ein Fehler gemacht worden sei. Wenn bewußte Fehler ausgeschlossen werden konnten, dann hat er mir neckend auseinandergesetzt, daß es nur eine übertriebene «weibliche» Sensibilität sei, die mich schwarz sehen ließe. Manchmal sagte er mir auch kalt: «Du bist ein nervöser Hecht!», womit er mich zum Lachen brachte und den Sturm beruhigte.

Intensiv haben wir mit- und nebeneinander geistig gearbeitet über Tagesfragen, die uns berührten. Sie betrafen zunächst die zu widerlegenden Angriffe auf die Tätigkeit der *Ärztin* allgemein, die ich schon zu Anfang erwähnte. Mein

Mann schrieb mit ausgezeichneter Feder von sich aus Gegenartikel, die durchweg scharfe Ironie enthielten oder – er machte mir in meinen Artikeln den Schluß. Es ging nämlich mit mir gewöhnlich so, daß ich mit großem Feuereifer eine Arbeit anfing, in fliegendem Tempo den Anfang schrieb, etwas langsamer die Ausführung und dann für den Schluß gar keinen Elan mehr hatte. Wenn der Artikel zur bestimmten Zeit fertig sein mußte, übergab ich ihn dann meinem Mann zur Korrektur stilistischer Unebenheiten und bekam ihn mit fertigem Schluß zurück, und zwar mit einem, den ich durchaus selbst hätte geschrieben haben können, so gut hatte er sich in meinen Stil hineingelebt. In einem Schluß aber hatte er einmal einen stark ironischen Ausdruck von sich gebraucht, der zu mir nicht paßte, ich lehnte ihn deshalb zunächst ab. Weil er aber besonders treffend war, gab ich schließlich nach und ließ ihn stehen. Und wegen dieser Bemerkung bin ich in dem betreffenden Blatt von mehreren Seiten scharf angegriffen worden. Man empfand ihn mit sicherem Gefühl als «unweiblich». – Wir haben beide mehrfach unsere Anschauung über den Paragraphen 218 veröffentlicht. Mein Mann allein griff ein in Weltanschauungsfragen der damaligen Zeit.

Im Jahr 1932 erlebten wir in voller Deutlichkeit die wieder zunehmende «Herren»einstellung der deutschen Männer. Ich brauchte im Interesse unseres Adoptivsohnes eine polizeiliche Beglaubigung, daß er noch lebe, und ging mit dem entsprechenden Schreiben des Marineversorgungsamtes auf unser nahe liegendes Polizeibüro. – Obwohl seit 1918 die früher ob ihrer Grobheit gefürchteten Polizeibeamten höflich geworden waren, traf ich jetzt einen mehr als unfreundlichen Mann, der 1000 Einwendungen machte, weil ich den Jungen nicht bei mir hätte. Er war auf dem Lande zur Erholung. Nach fast halbstündiger Verhandlung verlor ich die Geduld und ging ohne Unterschrift fort, war aber derart nervös über die schikanöse Behandlung, daß ich in Tränen ausbrach, als ich meinem Mann berichtete. Daraufhin nimmt der das zu unterschreibende Papier, geht auf dasselbe Polizeiamt zu demselben Beamten und ist nach kaum 10 Minuten mit Unterschrift wieder zurück. – «Wie in aller Welt hast du das gemacht!?» fragte ich ihn bestürzt. Und die Antwort: «Ich habe dem Beamten im Kommandoton das Blatt gereicht und gezeigt, wo er unterschreiben müsse!» – Mein Mann war groß und stattlich und hatte einen «Herrenton» an sich; aber ich war doch auch nicht klein und unwürdig im Auftreten. Da gab es keine andere Erklärung, als daß die wohltuende postrevolutionäre Höflichkeit der Beamten wieder dem Ton der heraufkommenden «Herrenmenschen» zu weichen anfing, der Herrenmenschen, die dem Kommando präzis gehorchen, zur Entschädigung dafür aber selbst «schnauzen», wo sich ihnen Gelegenheit bietet. – Es nahte die Hitlerzeit.

So viel, wie mein Mann mir geholfen hat, habe ich ihm nicht helfen können, weil er in seiner selbstsicheren Art seine Probleme gewöhnlich allein löste. Dagegen hat meine Lebhaftigkeit und Mitteilsamkeit ihm gegeben, was er für sein schweres Gemüt brauchte. Zusammen haben wir vielfach das Schicksal seines Großvaters David Friedrich Strauß besprochen. Strauß hat sich nach 5jähriger Ehe von seiner Frau, der bis zur Heirat gefeierten Sängerin Agnes Schebest, getrennt, obwohl er sie liebte. Sie fanden keine Harmonie im Zusammenleben. Das schien uns erklärlich. Die damalige Zeit nämlich forderte von der Frau volle Aufgabe ihres Berufes, wenn sie heiratete. Und Strauß hat sich trotz seines revolutionären Denkens auf geistigem Gebiete von dieser bürgerlich engen Einstellung der Frau gegenüber wohl nicht frei machen können. Er forderte dasselbe. Sie sollte ohne geistige

Entschädigung für ihr Sängertum, das ihr bisher Lebensinhalt war, sich mit dem Hausfrauenberuf begnügen, der in Württemberg sehr genau genommen wurde. Es blieb da eine unausgefüllte Lücke, in der Ungutes keimen mußte. Der Riß ist nicht ausgeheilt und hat beiden viel Leid gebracht. – Mein Mann pflegte nach solchen Reflexionen zu sagen: «Was mein Großvater an seiner Frau gesündigt hat, will ich an dir gutmachen» und hat das im reichsten Maße getan. – Im übrigen war er ein großer Verehrer seines Großvaters und ihm charakterlich sehr ähnlich. Er lebte intensiv in seinen Gedankengängen und war ihm seelisch so stark verbunden, daß – wie er mir sagte – kein Tag vergehe, an dem er nicht seiner gedenke. Die Werke von Strauß, von denen «Das Leben Jesu» einstmals mein eigenes Leben entscheidend beeinflußt hatte, waren eine weitere Bindung zwischen uns.

Als wir nach 30jähriger Ehe uns in den 70er Jahren bewegten, kamen wir uns noch so jung vor, daß wir nur ab und zu davon sprachen, wie wir uns unser Leben einrichten wollten, wenn wir einmal «alt» seien. Beide waren wir in voller Praxis. Mein Mann erwarb sich als 70jähriger noch den Führerschein zum Autofahren, allerdings in fünf Kursen und mit einmaligem Durchfallen. Mir ist das trotz mehrfacher Versuche nicht mehr gelungen.

Aus diesem noch starken Lebensgefühl heraus brach ihn – 74jährig – das Schicksal als ersten. Er hatte mich überleben wollen, weil er meinte, ich würde das Alleinsein schwerer ertragen als er. An seinem Sarge hörten wir die von ihm oft zitierten Worte seines Großvaters:

> Wer Gutes empfangen,
> Der darf nicht verlangen,
> Daß nun sich der Traum
> Ins Unendliche webt.

– – – Kinder

Mein Mann hatte in erster Ehe einen Sohn, der der Mutter zugesprochen worden war. Ungewöhnliche Schärfe der Familie brachte es dahin, daß Vater und Sohn jeden Kontakt verloren, obgleich sie mit besonderer Liebe aneinander gehangen hatten. Darunter litt mein Mann sehr. Wir hofften nun von Jahr zu Jahr auf eigene Kinder, hätten am liebsten sechs gehabt. Als aber fünf Jahre verstrichen waren, mußten wir einsehen, daß die schwere Blinddarmentzündung, die ich als Kind durchgemacht hatte, unsere Hoffnung vereitelt hatte. Das war uns beiden bitter, meinem Mann mehr noch als mir. Mich wieder quälte sein Kummer. Da kam mir 1917 der Gedanke, daß wir doch, um Kinder zu erleben, ein unversorgtes, fremdes adoptieren könnten. Mein Mann wehrte scharf ab, wie ich das in späteren Jahren bei allen Adoptivvätern im Anfangsstadium immer wieder erlebt habe. Trotzdem hielt ich an dem Gedanken fest, zumal Helene Lange nicht abriet. Beim Suchen fand ich dann bald unsere Hella. Ich konnte das Kind aber erst 3 Wochen alt ins Haus nehmen, weil mein Mann nichts von ihm wissen wollte. Das ging so weit, daß er auch eine Teilnahme an der Taufe ablehnte. Diese fand dann in der Klinik statt, wo an seiner Stelle Helene Lange das Kind zur Taufe hielt. Nach ihr bekam es den Namen Hella. Den vollen Namen «Helene», den ich hatte geben wollen, lehnte Fräulein Lange als zu häßlich ab; mit dem dürfe man kein Mädchen belasten. Wie nun aber die Kleine in die Wohnung schaffen bei der Abwehr meines Mannes? – In richtiger «Eva-Art» habe ich in dieser Not zu einer List gegriffen. Ich habe meinen Mann gefragt, ob er, der er selbst es kennengelernt habe, mir die Möglichkeit nehmen wolle, das Glück des Aufwachsens eines Kindes zu erleben? Das traf sein Gemüt. Er gab sofort

nach und entschuldigte sich, daß er diesen Gesichtspunkt
nicht erwogen habe. Währenddem habe ich mich geschämt, nicht bei der Wahrheit geblieben zu sein, denn für
mich allein hatte ich das Verlangen nach einem Kind überwunden, aber sicher gefühlt, daß ihm als stark väterlich ein-
gestelltem Mann trotz guter Ehe Kinder fehlen würden.
Etwa drei Jahre später, als wir schon zwei Kinder aufgenommen hatten, habe ich ihm meine Sünde gestanden, und da
hat er mir dafür – gedankt.

Als ich nach drei Wochen schließlich die kleine Hella ins
Haus nehmen konnte, mußte ich versprechen, nach der
Sprechstunde nicht zuerst zum Kind zu gehen. – So war das
erste halbe Jahr recht schwierig. Ich fühlte die große Verantwortung für den Säugling, konnte mich aber nicht so viel
um ihn kümmern, wie ich wollte. In dieser Not half das
Schicksal. Die Kleine hatte eine Überempfindlichkeit der
Haut. Das Fräulein, dem ich ihre Pflege anvertrauen
mußte, war im allgemeinen zuverlässig. Als ich aber infolge
von Arbeitsüberbürdung mir das Kind einmal 8 Tage lang
nicht hatte ausgewickelt zeigen lassen, fand ich am 9. Tage
ein ausgedehntes Ekzem. Es mußte nun nachts noch einmal
trockengelegt werden, was ich selbst übernahm, weil ich es
dem Fräulein nicht zumuten mochte. Der Zufall wollte,
daß ich wieder mehrere Nächte hintereinander zu Entbindungen herausmußte, da konnte ich es vor- oder nachher
unbemerkt tun. Als ich dann aber in der ersten ungestörten
Nacht wieder zum Trockenlegen aufstand, war mein Mann
empört, daß mir durch das «fremde» Kind der Schlaf gestört
würde. Es entstand ein regelrechter Ehestreit. Ich berief
mich darauf, daß das Kind niemanden auf der Welt habe
außer mir, und daß ich deshalb die Pflicht habe, es zu versorgen; er dagegen erklärte, er lasse nicht zu, daß ich dadurch gesundheitlich geschädigt werde. Schließlich stand er

Die Adoptivkinder Werner und Renate Hella (ca. 1925)

selbst auf und versorgte das Kind. Seitdem ist er jede Nacht aufgestanden, solange es nötig war, und hat von da an mir die Fürsorge ganz aus der Hand genommen. Das ging so weit, daß die Kinder, die neben unserem Zimmer schliefen, später nachts nicht nach der Mama riefen, sondern nur nach dem «Papa», der auch gleich reagierte. Er war, was ich wußte, der geborene «Vater» und fand als solcher Glück in dieser Fürsorge.

Als Hella zwei Jahre alt war, drang er selbst darauf, noch ein zweites Kind zu nehmen, weil ein einzelnes verzogen werde. So kam 1919 der fast 3jährige Werner zu uns. In dieser zusammengewürfelten Familie war Helene Lange die «Großmutter». Sie hatte in der Wahl des kleinen Werner ein entscheidendes Wort mitgesprochen. Ich war auf ihn aufmerksam geworden durch einen Brief von Dr. Marie Baum an die Berliner Jugendfürsorge, bei der ich mich nach einem etwa 3jährigen Jungen erkundigte. Dr. Baum verwandte sich sehr warm für ihn und wies auf seine gute Herkunft hin. Bevor wir uns aber zu ihm entschlossen, baten wir noch Helene Lange, die damals mit Gertrud Bäumer zusammen in Hamburg lebte, wo auch das Kind untergebracht war, um ihr Urteil. Und das lautete in ihrer typischen knappen und sicheren Art: «Den können Sie nehmen; so helle, wie Hella, ist er nicht, aber er wird mit Sicherheit ein guter Charakter!» Immer wieder hat sie uns aber bezüglich beider Kinder darauf aufmerksam gemacht, daß man mit Erziehung nichts Grundsätzliches ändern könne: «Wat drin sitt, kummt herut», pflegte sie zu sagen. Weiterhin hat sie Werners Entwicklung mit einem gewissen Verantwortungsgefühl verfolgt, zumal er in außerordentlich elendem Zustand herkam und schwer zu pflegen war. – Wir haben beide Kinder Jahr für Jahr den Sommer auf dem Lande zubringen lassen, zunächst mit einer Pflegerin in der Nähe, in Potsdam und Oranienburg, wo wir sie leicht besuchen konnten, und später an der Nordsee bei meiner Schwester im Pewsumer Elternhaus. Eine Studentin, die wir in den schweren Hungerjahren bei uns aufgenommen hatten und die sich gern dafür erkenntlich zeigen wollte, erteilte den Kindern den Erstunterricht im Hause, was den Vorteil hatte, daß wir die Ferien nach unseren Wünschen legen konnten. Im Winter spielten die Kinder in den Anlagen des nahen Zoologischen Gartens. Die körperliche Pflege in der Stadt gelang mit Hilfe von Nährmitteln, die uns als Ärzten leicht zugänglich waren. So ließ sich alles gut an trotz der schwierigen Ernährungslage der letzten Kriegs- und Nachkriegsjahre. – Interessant war es, daß auch bei uns, wie so oft in Familien mit eigenen Kindern, der Kontakt besser war zwischen Vater und Tochter einerseits und Mutter und Sohn andererseits. Wir haben viel über diese Wahrnehmung nachgedacht und sind zu dem Schluß gekommen, daß die Ursache wohl in einer größeren Behutsamkeit liegt, mit der man das Seelchen des andersgeschlechtlichen Kindes anfaßt, weil man es nicht kennt und deshalb fürchtet, es zu verletzen. Bei dem gleichgeschlechtlichen kennt man aus eigener Erinnerung heraus alle Unarten und greift deshalb energischer durch. Das Kind aber, das viel Liebe braucht, neigt sich zu dem, der es weicher anfaßt. – Mit Hilfe der Pewsumer Dorfschule als Übergang konnten wir die Kinder dann in einer Berliner Grundschule unterbringen und von dort aus in den höheren Schulen. Hella besuchte die Cecilien-Schule in Wilmersdorf und Werner eine Charlottenburger Realschule. Es schien alles in bester Ordnung. – Da erzählt Hella eines Tages bei Tisch: «Mama, Mäxchen (ihre Schulnachbarin) hat einen Freund!» – Im Alter von 14 Jahren! Meinem Mann und mir verschlug es den Atem. Denn einer Bewachung auf «Freunde» war ich nebenberuflich doch nicht gewachsen. Wir gaben angesichts solcher Schwierigkeiten von vornherein jeden Versuch, sie zu meistern, auf und brachten beide Kinder in Institute, Hella nach Stift Keppel in Westfalen, wo eine gute Bekannte von mir Oberin war, und Werner in eine Hermann-Lietz-Schule nach Haubinda. Die Kinder selbst, denen wir die betreffenden Anstalten sehr verlockend schilderten, waren begeistert über den Tausch. Sie vollendeten in ihnen ihre Ausbildung.

Überblicke ich unser gesamtes Erziehungswerk, dann muß ich bekennen, daß mein Mann der bessere Erzieher war. Er war gleichmäßig, sehr fürsorgend, konsequent und gerecht, was die Kinder stark empfunden haben. Weil er als Internist beruflich nicht ganz so viel in Anspruch genommen war wie ich durch meine Geburtshilfe, hatte er auch etwas mehr Zeit, sich den Kindern zu widmen. Sonntag für Sonntag pilgerte der große Mann mit einem Kind an jeder Hand in den Grunewald oder an die Havel, wo er sie Entdeckungs-fahrten machen ließ, und abends las er ihnen auf ihr Drän-gen Märchen vor, von denen sie die «wilden» orientalischen bevorzugten. Mein Einfluß auf die Kinder war weniger gleichmäßig. Ich mußte ihnen «aus dem Leben» erzählen, was sie gerade interessierte, und malte das schön aus. Aber ich konnte unter dem Druck der Arbeit Versprochenes ver-gessen, was Kinder sehr übelnehmen. Im ganzen waren sie aber stolz auf ihre Mutter «Ärztin». Wenn sie gefragt wur-den, was der Vater sei, dann antworteten sie regelmäßig: «Der Vater ist Arzt und die Mutter ist Ärztin!»

Ob ich mit eigenen Kindern beruflich dasselbe geleistet hätte wie mit den Adoptivkindern? Abgesehen von kurzen Unterbrechungen vor und nach Entbindungen, glaube ich, daß ich es getan hätte. Die gute Konstitution hätte es er-laubt, und der innere Trieb zum Beruf, zu meiner Aufgabe war so stark, daß er mir keine Ruhe gelassen hätte. Dabei hätte ich die große Erleichterung gehabt, in meinem Mann eine unschätzbare seelische und praktische Stütze zur Seite zu haben.

Im Beruf

– – – Niederlassung als Fachärztin

Nach dem Umzug im Herbst 1909 fand ich in Berlin bereits
zehn Ärztinnen niedergelassen. Davon waren die fünf älteren in der Schweiz approbiert und konnten nur auf Grund
des milden Kurpfuschergesetzes praktizieren, worüber Dr.
Franziska Tiburtius in ihren Lebenserinnerungen interessant
berichtet. Bis auf Dr. Tiburtius und Dr. Agnes Bluhm rieten
mir alle ab, mich als Fachärztin niederzulassen. Ich würde
keinen Zulauf bekommen, das Publikum brauche nur praktische Ärztinnen und gehe mit Entbindungen und Operationen zu Männern. Weil meine persönlichen Erfahrungen
in Bonn das Gegenteil bewiesen hatten, hab ich mich um
dies Abraten nicht gekümmert, sondern mich trotzdem als
Fachärztin, damals noch «Spezialärztin für Frauenkrankheiten und Geburtshilfe» niedergelassen, und zwar zunächst in
Schöneberg in der damaligen Kyffhäuserstraße. In dem
Hause, in das ich zog, befand sich in der zweiten Etage die
«Klinik weiblicher Ärzte», an der ich arbeiten sollte. Es war
nicht so, daß die Klinik von einem bestimmten Arzt geleitet
wurde, wie ich angenommen hatte, sondern sie entsprach
den vielen noch heute in Berlin üblichen Kliniken, die als
Unternehmen von Privatleuten oder Organisationen ihre
Betten den verschiedenen Ärzten zur Verfügung stellen. Die
betreffenden Ärzte legen ihre Kranken in diese Kliniken
hinein und behandeln sie selbst, ohne Kontrolle eines leitenden Arztes. Die «Klinik weiblicher Ärzte» hatte das Besondere, daß nur *Ärztinnen* in ihr arbeiten sollten. Sie war in

einer Zeit, in der die weiblichen Ärzte noch in keiner anderen Klinik zugelassen wurden, von einer Anhängerin von Fräulein Dr. Tiburtius gegründet worden, einer früher als Schwester tätigen Frau Knoop. Als ich hinkam, bestand sie etwa fünfzehn Jahre und bedeutete einen ersten mühsamen Schritt im Kampf gegen die bestehenden Vorurteile; haben doch damals noch die Hausärzte vor «Ärztinnen» gewarnt und jede Verantwortung abgelehnt, wenn ein Mitglied der ihnen anvertrauten Familien trotzdem eine Ärztin konsultierte. In England hatten die Ärztinnen schon ihr «Women's Hospital» und die «Medical school for women», große Institute, die sich im Publikum des besten Rufs erfreuten. Aber dort stand eine Frau an der Spitze der Regierung, Queen Victoria, die als solche Verständnis für die Belange der Frauen hatte. Wir deutschen Frauen sind in allen unseren Bestrebungen langsamer und später zum Ziel gekommen, weil wir bei den sehr selbstbewußten Männern unserer einseitigen Männerherrschaft zu großen Widerstand fanden auf Grund mangelnden Einfühlungsvermögens.

Den ersten Ärztinnen hat man noch lächelnd zugesehen oder sie mit Spott gewähren lassen im Gedanken, sie könnten der geschlossenen Phalanx «Mann» nichts anhaben. Als aber bald fünf, dreißig, ja hundert auftraten, da horchte der Mann auf, berechnete den großen wirtschaftlichen Schaden, den diese hundert Ärztinnen ihm zufügen konnten, und traf Gegenmaßnahmen. Zunächst einmal beschlossen die Ärztekammern, die Frauen nicht zu den Krankenkassen zuzulassen, denn in der kassenärztlichen Tätigkeit sah man dazumal ein Sprungbrett zu der bequemeren und einkömmlicheren Privatpraxis. Merkwürdigerweise bekamen die Ärztinnen aber trotzdem Zulauf, und zwar gerade aus Privatkreisen. Diesen Erfolgen sah man mit Unbehagen zu und schrieb Artikel gegen sie in Ärzteblättern und gelegentlich auch in öffentlichen Zeitschriften: die Frau sei dem ärztlichen Beruf weder körperlich noch seelisch gewachsen, man müsse warnen. Dann kamen Hinweise auf die Abhängigkeit der Frau von ihren Sexualorganen. Zur Zeit der Menstruation sei die Frau nicht ganz *zurechnungsfähig*, schrieb ein Frauenarzt, darum müsse man Vorsicht walten lassen, sie zu Geburten heranzuziehen und ihr Operationen anzuvertrauen. Derselbe Frauenarzt aber pflegte keine Rücksicht zu nehmen auf die Menstruation seiner Hebammen und Operationsschwestern, denen wahrlich keine kleine Verantwortung aufgebürdet ist!

Wir Ärztinnen schrieben Gegenartikel, und ab und zu fand sich auch ein hochstehender Kollege, der für uns den Fehdehandschuh aufhob, wie später mein Mann. Inzwischen – März 1954 – ist aus der Universitätsfrauenklinik in Tübingen eine experimentelle Arbeit von Dr. Gerd Düring herausgekommen: «Zur Frage einer Verminderung geistiger Leistungsfähigkeit während der Menstruation». Sorgfältige Untersuchungen von gesunden Frauen führten ihn zu dem Ergebnis, daß die geistigen Fähigkeiten zwischen und während der Menstruationen praktisch unverändert waren, was gegen die Vorstellung der Herabsetzung der geistigen Leistungsfähigkeit der Frau während der Menstruation spricht. («Die Medizinische», Nr. 13, Jahrgang 1954)

Als es langsam gar zu offensichtlich wurde, daß wir Ärztinnen Erfolg hatten, als man in Berlin mit ansehen mußte, daß jede Ärztin nach Jahresfrist ihre Existenz hatte, um die der männliche Kollege etwa fünf Jahre ringen mußte, da wurden neue Waffen aufgefahren. Hatte man keinen Erfolg mit dem Fernhalten von den Krankenkassen, dann mußte es jetzt umgekehrt versucht werden. Von nun an sollte jede Ärztin, die sich niederließ, verpflichtet werden, Krankenkassen zu übernehmen. So beschlossen, so getan. – Die

Ärztinnen wurden Kassenärztinnen. Und der Erfolg? Sie hatten und haben einen Riesenzulauf, weil sie selbst bei der Bearbeitung von Massen immer noch eine persönliche Note wahren. Das Mütterliche in der Frau sieht stets noch nebenher Kummer und Leid, dem sie abhelfen möchte, und sei es auch nur mit einem freundlichen Blick und einem verstehenden Wort.

Selbst bin ich zwischen den Kassenfragen hindurchgeglitten. Als ich mich im Herbst 1909 in Berlin niederließ, spielten die Kassen noch keine so durchgreifende Rolle wie heute, und als sie Zwang wurden, war ich über das angesetzte Alter hinaus.

Die ersten Kolleginnen hatten sich als Ersatz für die Kassenpraxis eine Poliklinik eingerichtet, in der sie an bestimmten Tagen für unbemittelte Frauen unentgeltliche Sprechstunden abhielten. In ihr arbeitete ich mit und gründete später eine eigene am Alexanderplatz. Die Einrichtung solcher Poliklinik stand damals noch jedem Arzt frei, auch die Wahl des Ortes und der Straße. Man sah sie als etwas Karitatives an und kümmerte sich deshalb nicht um sie. Für junge Ärztinnen war sie aber von größter Bedeutung, weil man durch sie Material bekam für Operationen, die man brauchte, um in Übung zu bleiben. Das klingt für den Laien vielleicht frivol, entspricht aber den Anschauungen und Gepflogenheiten auch der Universitäten, deren Polikliniken ausschließlich den Zweck haben, Material für Lehr- und Lernzwecke zu beschaffen, wobei für die Patienten einhergeht, daß sie bestmöglich behandelt werden.

Für die eigene Poliklinik mietete ich 1910 am Alexanderplatz in der Alexanderstraße eine kleine Wohnung im Hinterhaus, richtete die zwei großen, hellen Zimmer ein, engagierte eine nette Frau mittleren Alters aus derselben Gegend und brachte vorne am Hause ein Schild an:

Poliklinik für Frauen.
Dr. med. Hermine Edenhuizen
Spezialärztin für Frauenkrankheiten
und Geburtshilfe
Sprechstunde täglich 11–12 Uhr.

Irgendeine Meldung an den Kreisphysikus oder an die Ärztekammer kam nicht in Betracht. Um die ausgezeichnete Hilfskraft zu honorieren, machte ich mit ihr aus, daß jede Patientin zehn Pfennig an sie zu entrichten habe als Beitrag zu den Unkosten. Die übrigen Kosten trug ich selbst. Gleich in der ersten Woche kamen schon vier bis sechs Frauen täglich. In allerkürzester Zeit erhöhte sich die Zahl auf vierzig und mehr, mit denen ich nicht vor zwei Uhr fertig wurde. Entsprechend kam ich gegen drei Uhr zum Mittagessen nach Hause, wo um vier Uhr die Privatsprechstunde einsetzte, die sich in den ersten Jahren allerdings selten über mehr als drei Stunden hinzog.

Die Arbeit in der Poliklinik hat mir große Freude gemacht. Es herrschte ein so frischer und vertrauensvoller Ton dort, daß mich ab und zu eine der Frauen freundschaftlich um die Taille faßte, ohne respektlos zu werden. Die Gequälten unter ihnen schütteten ihr übervolles Herz zunächst der gütigen Helferin aus. Von dieser eingeweiht, konnte ich nun ohne Zeitverlust gleich überlegen, wie und wo geholfen werden könne. Mußte operiert werden, gab es kein Zögern, dann kamen die Frauen sofort. Ich behandelte umsonst, und sie sammelten sich das Geld, um in der Klinik, an der ich arbeitete, dritter Klasse liegen zu können. Nachdem sich einige gutgeglückte Operationen herumgesprochen hatten, waren diese einfachen Frauen mit ihrem geraden Sinn bereit, sich von mir alles machen zu lassen, was ich für nötig hielt. Die komplizierten Überlegungen der verwöhnten Kreise kannten sie nicht. Vor allen Dingen hatten die Frauen aus dem Volke nicht den Glauben, daß nur der Mann Gutes leisten könne, wie ihn die Frauen der oberen Gesellschaftskreise damals hegten. Die Arbeiterfrau sieht ihren Mann auf gleicher Ebene mit sich arbeiten und bemerkt dabei seine Vorzüge und Schwächen, schätzt ihn deshalb richtig ein, während die Frau der gehobenen Kreise zu dieser Zeit den Mann noch blind als Autorität nahm. Wenn dann die von der Autorität in ihrem Selbstvertrauen niedergedrückten Frauen persönlich nichts leisteten, trauten sie auch entsprechend anderen Frauen, die sie nach sich beurteilten, keine Leistungen zu.

Tatsächlich haben wir Ärztinnen alle die Erfahrung gemacht, daß wir aus gehobenen Kreisen zur Hauptsache von Frauen konsultiert wurden, die beruflich tätig waren. Die anderen gingen zu Männern.

Schweren Herzens gab ich 1922 die 1910 gegründete und mir sehr lieb gewordene Poliklinik auf, weil mir die Vereinigung von Poliklinik und wachsender Privatpraxis aus Zeitgründen nicht mehr möglich war. Vorher schon – 1911 – hatte ich die Klinik weiblicher Ärzte in der Kyffhäuserstraße verlassen, weil sie bei der wachsenden Zahl von Ärztinnen nicht mehr Betten genug hatte. Ich fand dann aber schon freundliche Aufnahme in dem Stadtparksanatorium, einer damals sehr netten, neu eingerichteten Anstalt, die auch einer Frau gehörte, der sehr tüchtigen Oberin Hoffmann. In dieser Klinik habe ich zehn Jahre gearbeitet, viel operiert und den Grund zu meinen späteren Erfahrungen gelegt.

Eine der ersten Privatpatientinnen in Berlin war eine etwa vierzigjährige Frau, die sich zehn Jahre lang mit einem quälenden Leiden herumgeschleppt hatte, weil sie sich genierte, zu einem männlichen Arzt zu gehen. Sie kam auf mein erstes Zeitungsinserat hin zu mir und konnte in kurzen drei Wochen geheilt werden. Dieser Fall beglückte mich als Beweis für die Notwendigkeit von Fachärztinnen. Im übrigen rekrutierten sich bei mir die Privatpatientinnen auch aus den Schichten der berufstätigen Frauen, aus Offiziers- und Künstlerkreisen. In Offizierskreisen erlebte ich Ehemänner, die ihre Frauen prinzipiell nicht zu männlichen Frauenärzten gehen lassen wollten, worüber eine junge Frau fast ihr Leben hätte lassen müssen. Sie erkrankte außerhalb und mußte auf Verlangen des Ehemannes zu mir nach Berlin gebracht werden, wo ich sie in allerletzter Minute noch durch eine Operation vor innerer Verblutung retten konnte. Künstler brachten mir ihre Frauen, weil sie von Ärztinnen annahmen, sie untersuchten zarter und behandelten rücksichtsvoller als der männliche Arzt. Es werden wohl bei allen auch persönliche Erlebnisse zugrunde gelegen haben, aber ich sah, daß das Publikum die Ärztin brauchte.

Operation? – «Sie machen doch keine großen Operationen?» Wie oft bin ich das gefragt worden, sogar von Patientinnen, denen ich bei schweren Entbindungen erfolgreich geholfen hatte und die auch dankbar waren. Vor Operationen hatten und haben die Menschen einen merkwürdigen Respekt. Sie können gewöhnlich gar nicht angeben, was ihnen daran so stark imponiert. Die einen meinen, es gehöre besonders viel Körperkraft dazu, die anderen denken an ein Übermaß von Nervenkraft, und alle bewegen sich in etwas mystischen Vorstellungen von dieser Tätigkeit, vor der sie selbst Angst haben. Was jeder Chirurg besitzen muß, das ist Initiative, und die ist bei Frauen und bei Männern in gleicher Weise eine angeborene Eigenschaft, wobei sich von selbst ergibt, daß Frauen ohne Initiative weder studieren noch andere selbständige Arbeiten übernehmen, geschweige denn Chirurgin werden. Wenn ich weiterhin klarzumachen versuchte, daß es sich bei dem Operieren um eine erlernbare Technik handle, verbunden mit guten Kenntnissen und Erfahrungen, dann kamen die Zweifelnden mit dem Einwand der hohen Verantwortung. Als ob die Verantwortung des Operateurs eine größere ist als die des Geburtshelfers und die des Internisten! Verantwortung hat jeder Arzt. Sie ist seine Last, wenn er gewissenhaft ist. Unter ihr habe ich zeitweise regelrecht gelitten, doppelt gelitten, weil ich mir bewußt war, daß ich sie nicht nur für meine Patientinnen trug, sondern gleichzeitig auch für alle nach mir kommenden Fachkolleginnen; denn jeder Fehler, den ich als eine der ersten machte, würde weniger meiner Person zur Last gelegt werden als allgemein der «Frau als Chirurgin». In dieser Art haben wir ersten quasi als Schild gedient für die jetzige Generation, die von unseren inneren und äußeren Kämpfen schon fast nichts mehr weiß.

Wenn man gewöhnt war, unter dem Schutz der großen Universitätsklinik zu arbeiten, dann sind die ersten Operationen in der Praxis recht aufregend. Das geht jedem Arzt so. Die Folge davon war, daß ich mich aufs beste vorbereitete und doppelt vorsichtig war. Ich habe von Männern gehört, von namhaften Chirurgen, daß sie in der Nacht vor großen Operationen schlaflos auf und ab gegangen sind. So konnte es nicht wundernehmen, daß ich als Frau auch ungezählte Nächte vor und nach großen Operationen wie auch vor schweren Entbindungen schlaflos zugebracht habe. Eins ist mir aber klargeworden: Wenn ich mich als Norm der Frauen nehme, dann werden wir Frauen nie imstande sein, am lebenden Menschen zu experimentieren. Ich habe alle neuen Methoden von Operationen und Narkosen erst übernommen, wenn sie lange und sicher ausprobiert waren. Vielleicht zeigt sich hier eine grundlegende Verschiedenheit von Mann und Frau, die dem Mann auf dem Wege des Experiments den Fortschritt überläßt, während die Frau das feine Ausarbeiten des Erprobten übernehmen wird.

Entsprechend ihrem Trieb zum Schützen und Pflegen wird die Frau im Arztberuf stark angesprochen von sozialen Fragen, besonders von allen, die Frauen und Kinder betreffen. Darum beteiligte ich mich zunächst aktiv an der Antialkoholbewegung, nachdem ich in der Praxis gesehen hatte, was für ein Unglück der betrunkene Ehemann und Vater für die Familie bedeutet. Und dann beschäftigte mich auch das Schicksal der unehelichen Kinder, die unschuldig büßen müssen für Verstöße ihrer Eltern gegen die Gesellschaftsordnung. Diese Kinder landeten meistens bei sogenannten «Ziehfrauen», in deren Interesse es lag, sie schnell sterben zu lassen durch unzureichende Pflege. Man sprach von ihnen als von «Engelmacherinnen». Erst die etwa 1910 von Dr. Frida Duensing und der Prinzessin Wied ins Leben gerufene Jugendfürsorge setzte dem ärgsten Treiben ein Ende. Und einige Jahre später konnte auf Grund der Schloßmannschen Säuglingsfürsorge, in der Dr. Marie Baum entscheidend mitarbeitete, jedes uneheliche Kind gleich nach der Geburt erfaßt werden zwecks Betreuung bis zur eigenen Selbständigkeit. Dr. Frida Duensing hatte ein so weiches Herz, daß sie körperlich mitlitt, wenn sie Kinder oder Tiere mißhandelt sah. Darum trieb es sie weiter zur Gründung eines «Vereins zum Schutz der Kinder vor Mißhandlungen». Die Jahresberichte dieses Vereins brachten erschütternde Darstellungen über Schicksale von Großstadtkindern, die ihren Eltern oder Erziehern im Wege standen. – Die erste Republik hat diese von Frauen gegründeten Fürsorgeeinrichtungen teils von den Städten, teils vom Staat übernehmen lassen. Es ist mir eine Genugtuung gewesen, daß sie von Frauen ins Leben gerufen wurden.

Im Vergleich zur Poliklinik bot die Privatpraxis erheblich mehr Schwierigkeiten. Ein Beispiel möge das demonstrieren. Da konsultiert mich eine junge Frau mit ihrer ersten Schwangerschaft. Ich untersuche und berate sie und bekomme gute Fühlung mit ihr; sie meldet sich bei mir zur Entbindung an. Am nächsten Tage aber kommt die Mutter, angeblich wegen einiger Fragen. In Wirklichkeit jedoch besieht sie mich von oben bis unten, mustert das Untersuchungszimmer und fragt kreuz und quer. Ich merke, sie traut der jungen Ärztin nicht und will sich überzeugen, ob die Tochter kein zu großes Risiko eingeht, wenn sie sich in ihre Hände begibt. Gelingt es, das Vertrauen der Mutter zu gewinnen, dann kommt nach einigen Tagen noch der Ehemann zur gleichen Besichtigung. Den Männern imponierten meistens meine Größe und meine kräftigen Hände, die ihnen wohl das Gefühl der «ins Männliche» hineinragenden Kraft gaben. Jedenfalls haben die Männer nach persönlicher Rücksprache kaum je ihre Frauen zurückgehalten, während die Mütter mir ab und zu ihre Töchter abspenstig machten, was ich hinterher erfuhr, wenn die Töchter, enttäuscht von dem Arzt ihrer Mutter, zu mir zurückkamen.

Gegen solch Geschehen hat sich manchmal mein Stolz so stark aufgebäumt, daß ich prinzipiell Mütter und Ehemänner abweisen lassen wollte. Aber dann gedachte ich des Experiments von Geheimrat Fritsch mit dem zu großen Kinde. Ihm war das Studium der Frau neu, da wollte er sich von den zu Gebote stehenden Kräften überzeugen. In gleicher Weise wollten sich die besorgten Angehörigen ansehen, was es denn mit solcher Neuheit wie einer «Fachärztin für Geburtshilfe und Frauenkrankheiten» auf sich habe. Man mußte das verstehen und deshalb die Unannehmlichkeiten als eine der vielen Stufen des Kampfes um den Beruf ertragen.

Wenn ich zurückdenke, hat dieses Mißtrauen gegen die Fachärztin, das von den männlichen Kollegen noch kräftig geschürt wurde, ziemlich lange gedauert. Erst mein früh ergrautes, bald weißes Haar hat mich persönlich von ihm befreit. Danach hatte ich dann eine ideale Tätigkeit. Ohne das Hetzen eines Krankenkassenbetriebes konnte ich mich meinen Patienten voll widmen. Für manche, die schwer aus sich herauskamen, habe ich eine ganze Stunde gebraucht. Dann kannte ich aber nicht nur ihre körperlichen Gebrechen, sondern auch ihre Psyche, die in allen Leiden hineinspielt. Bei dieser Methode war leider nicht zu vermeiden, daß die übrigen Patienten zu lange zu warten hatten, oft zwei bis drei Stunden. Um ihnen das nicht schwerzumachen, ließen wir sie in unserem künstlerisch eingerichteten Musikzimmer Platz nehmen. Das beruhigte so gut, daß mir mehr als eine Patientin erklärte: «Wenn man in das harmonische Zimmer eintritt, fühlt man sich gleich besser, und die Zeit vergeht rasch beim Anschauen der guten Bilder.» Dies psychische Moment wird bei der Einrichtung der meisten ärztlichen Wartezimmer leider nicht genug beachtet. Ich habe oft nur eine Reihe Stühle an kahlen Wänden angetroffen, die einen frösteln ließen beim Denken an gequälte Kranke, die ihr ganzes Elend dann auf diese Wände projizieren können.

Wie bei der Konsultation in der Sprechstunde ist es mir anfangs auch in Privathäusern gegangen. Ich erinnere mich da eines Falles aus dem ersten Jahr meiner Niederlassung. Da hatte ich bei einer Frau eine schwere Entbindung mit Zange beendet und lebte nun in großer Sorge um sie. Gemäß meiner in Freiburg gewonnenen Überzeugung wollte ich sie nach 24 Stunden aufstehen lassen, um sie vor

Thrombose zu bewahren, war aber so unklug, das anzu-
kündigen. Als ich dann am nächsten Morgen hinkam, war
die ganze Familie versammelt, Ehemann, Eltern und
Schwiegereltern, um mich von «diesem Leichtsinn abzuhalten». Meine Erklärung wurde nicht verstanden, so daß ich
die Absicht aufgeben mußte. Am Nachmittag desselben Tages aber ging ich dann unerwartet wieder hin und holte alles nach mit dem Resultat, daß sich die Wöchnerin, die mir
zustimmte, ausgezeichnet erholte. Zwei Jahre später machte
sie in Britz, wohin ihr Mann versetzt worden war, eine un-
komplizierte Geburt durch, die mit schwerer Thrombose in
beiden Beinen endigte, weil man sie eisern hatte liegen lassen. – Die neuen Krönigschen Methoden des Frühbewe-
gens und Frühaufstehens der Wöchnerin und Operierten
haben sich in Berlin nur langsam durchgesetzt, weil dort
noch keine Schüler von Krönig niedergelassen waren, die
sie bekannt machten. Der Widerstand des Publikums galt
dem «Neuen». Aber meine nach dieser Methode behandelten Wöchnerinnen empfanden alle den Vorteil der rasche-
ren Erholung, halfen mit und machten sogar Propaganda
dafür bei den übrigen konservativ behandelten Frauen, mit
denen sie zusammenlagen.

In den ersten zehn Jahren habe ich auch nach der Krönigschen Methode viele schmerzlose Entbindungen im Dämmerschlaf gemacht. Das war sehr mühsam. Ungezählte
Nächte habe ich bei den Frauen zugebracht, teils in der
Wohnung, teils in der Klinik. Allmählich konnte ich mir
eine intelligente Schwester in der Handhabung des Däm-
merschlafes ausbilden, aber trotzdem hat mich die Sorge,
die uns Frauen vielleicht doch stärker bedrückt als die Männer, zu dauernder Überwachung getrieben. Weil ich sehr
aufpaßte, habe ich bei dem Dämmerschlaf kein Unglück erlebt, insbesondere ist mir kein Kind dabei gestorben. Aber

ich sah viele und schwere atonische Blutungen (verursacht durch eine schlaffe Gebärmutter), die mich langsam zum Aufgeben der Methode veranlaßt haben. Danach kam ich dann auch ausgezeichnet aus mit Zuspruch und einer Narkose mit Äther oder sogar nur mit Eau de Cologne. Ich habe aber schmerzlose Entbindungen nie aus Anschauungsgründen abgelehnt, etwa weil ich es für ethisch höherstehend erachten würde, wenn eine werdende Mutter sich zu den bevorstehenden Schmerzen bekennt und sie als besonderes Naturereignis freudig auf sich nimmt, denn ich halte den Arzt nicht für berechtigt, eine Behandlung nach seiner persönlichen Einstellung zu modeln. – Immer ist entscheidend der Zustand der Patientin. Kommt eine Frau mit der Bitte um Linderung der Geburtsschmerzen, dann hat sie ihre Gründe. Meistens ist sie verängstigt durch psychischen Schock nach Miterleben, einen Schock, der zur vollständigen Ablehnung von Kindern führen kann, wie ich das mehr als einmal erlebt habe. Aussicht auf Schmerzlinderung beruhigt in solchen Fällen, gibt Mut und läßt sogar die Schwangerschaftsbeschwerden leichter ertragen.

Das Verlangen nach schmerzlosen Entbindungen war besonders groß in den ersten Jahren nach Bekanntwerden der Krönigschen Methode. Damals kamen viele Frauen von Übersee zur Dämmerschlafentbindung nach Freiburg. Einzelne verirrten sich zu Schülern. Energische Amerikanerinnen, die ich in Berlin selbst in Behandlung bekam, verlangten ein Eingreifen schon in den allerersten Wehen. Das war manchmal schwierig und stellte große Anforderungen an die hinhaltende und ablenkende Kunst des Arztes. Umgekehrt erlebte ich eine Kollegin, die vor der Geburt theoretisch nichts von Schmerzlinderung wissen wollte. Diese natürlichen Schmerzen müsse und könne jede Frau aushalten. – Ich solle gar kein Skopolamin (Tollkirschengift), das es damals noch nicht fertig in Ampullen gab, mitbringen. Mitten in der Nacht werde ich von dem verängstigten Ehemann dieser Kollegin telefonisch gebeten, möglichst sofort zu kommen, es sei wohl etwas nicht in Ordnung, weil die Frau vollkommen die Fassung verloren habe. Und was fand ich? Mitte der Eröffnungsperiode und alles in Ordnung. Aber die fassungslose Mutter verlangte intensiv den Dämmerschlaf, und zwar sofort! Die Schmerzen seien nicht zu ertragen! – Nun mußte der Apotheker die Skopolaminlösungen extra und eiligst herstellen. Ob er bei den minimalen Dosen und vielleicht etwas schlaftrunken eine Spur zuviel genommen hatte? Feststellen ließ sich das nachher nicht mehr. Die Verabreichung erfolgte genau nach Vorschrift. Beglückt schlief die Patientin ein und war zu keiner Merkprüfung mehr zu wecken! Es gab ein paar böse Angststunden für mich. Weil der Puls der Mutter und die kindlichen Herztöne gut blieben bei gleichfalls guten Wehen, wartete ich ab, mußte zum Schluß aber das Kind mit der Zange entwickeln, weil die Mutter nicht zum Mitpressen zu bewegen war, überhaupt nicht reagierte auf Anruf. Von der Zange hat sie nichts gespürt; das Kind war etwas benommen, erholte sich aber bald. Sie selbst kam erst zwei Stunden nach der Geburt wieder zu sich, beglückt, daß alles so gut gegangen sei. – Gelitten hatten aber der Ehemann und ich.

Schwer belastet hat mich in der Praxis, wie schon während meiner Assistententätigkeit in Bonn, das Erleben von «Kindbettfieber». Gesunde Frauen auf dem Gipfel ihres Glücks hinsterben zu sehen ist ein erschütterndes Bild und ein widersinniges Geschehen. Ich hatte in meiner Praxis trotz allergrößter Vorsicht Todesfälle an Kindbettfieber im gleichen Prozentsatz wie alle anderen Kollegen. Sie beeindruckten mich so stark, daß ich schließlich bei den Entbindungen sämtliche Wäsche sterilisieren ließ, Bettwäsche sowohl wie die Leibwäsche der Gebärenden, daß ich die Hebamme kaum mehr an die Kreißende heranließ und unter schärfster Beobachtung aller Desinfektions- und Asepsisvorschriften die Frauen nur mehr allein behandelte. Bei solcher Vorsicht konnte nach menschlichem Ermessen *während* der Entbindung keine Infektion an die Gebärende herangebracht werden. Und doch erlebte ich 1919 bei diesen Maßnahmen einen eklatanten Fall von Kindbettfieber. Woher kam die Infektion? – Bei intensiven Nachforschungen stellt sich heraus, daß sechs Stunden vor Wehenbeginn und ohne jede Desinfektion der Ehemann noch einmal sein Recht geltend gemacht hatte! Da wurde mir der Zusammenhang klar: Die Infektion war von dem Ehemann hineingetragen worden. Bei der Rücksprache mit mir machte er mir den Vorwurf, daß ich ihn auf solche Möglichkeit nicht aufmerksam gemacht habe. Er tat das mit Recht. Und warum hatte ich es nicht getan? – Weil ich weder als Studentin noch als Assistentin von solchen Zusammenhängen gehört hatte. Es herrschte damals – 1900 – noch eine so große Unfreiheit des Denkens, die wie ich höre, auch heute – 1954 – noch nicht ganz gewichen sein soll, daß die Dozenten es nicht über sich gewannen, bei Besprechung von Schwangerschaft und Geburt auch die hineinragenden menschlichen Sexualvorgänge sachlich zu erörtern. Dies Gebiet war damals für eine ernste Besprechung tabu; aber zum Bewitzeln im Colleg war es leider vielen Universitätslehrern das gegebene Thema. Pikant wirken ja allgemein Aussprüche, die sich an der Grenze des Verpönten bewegen. Daß damit der ringenden Jugend, die sich gerade mit Sexualfragen so sehr abquält, ganz am Rande, nebenher, aus Freude am Witz eine unreine Auffassung beigebracht wird, wird nicht bedacht.

Seit Erkennen dieser Infektionsquelle für Kindbettfieber

habe ich jede schwangere Frau, die mich konsultierte, auf diese Gefahr aufmerksam gemacht und habe sie gebeten, auch andere Frauen zu warnen. Insbesondere habe ich die Frauen von Geistlichen und Lehrern auf dem Lande gebeten, in ihrer Gemeinde für entsprechende Aufklärung zu sorgen. Selbst junge Frauen, die nur zur Feststellung einer vermuteten Schwangerschaft zu mir kamen, ohne bei mir entbinden zu wollen, habe ich instruiert, ebenso junge Mädchen, die mich vor der Eheschließung konsultierten. Klagten mir Frauen, daß sie ihren Mann schwerlich würden abhalten können, dann habe ich mir diesen Ehemann kommen lassen und in Gegenwart seiner Frau Rücksprache mit ihm genommen. Es ist mir keiner vorgekommen, der dann nicht einsichtig genug war. Sie waren alle unwissend und teilweise tief erschrocken über die ihnen voll verständliche Gefahr, in die sie, dem allgemeinen Brauch folgend, ihre Frau hätten bringen können. – Auf diese intensive Vorarbeit hin habe ich von 1919 bis 1944, das sind 25 Jahre, keinen einzigen Fall von Kindbettfieber wieder erlebt. Dabei hat die Zahl der Entbindungen von Jahr zu Jahr zugenommen. 1924 habe ich dann erstmalig meine diesbezüglichen Erfahrungen an dem Material von fünf Jahren in der «Münchner medizinischen Wochenschrift» veröffentlicht unter dem Titel: «Unbeachtete Ursachen des Kindbettfiebers». Daraufhin bekam ich von zwei Universitätsprofessoren je ein Schreiben mit dem Einwand, daß mein Material zu klein sei, als daß ich zu solcher Folgerung berechtigt sei. Aber auf diesen Umstand hatte ich in der Arbeit selbst hingewiesen und die Leiter der großen Frauenkliniken gebeten, meine an dem kleineren Material gemachten Erfahrungen an dem größeren, das ihnen zur Verfügung stehe, nachzuprüfen. In den folgenden zwanzig Jahren – bis 1941 – ist aber merkwürdigerweise keine nennenswerte Veröffentlichung auf diesem Gebiete, das für die Frauenwelt so eminent wichtig ist, erschienen! – In einer gynäkologischen Gesellschaft aber – 1924 –, in der meine Arbeit mit ihrer Forderung, die Schwangere wenigstens die letzten vier Monate vor einer Cohabitation zu schützen, besprochen wurde, meldete sich ein seinerzeit bekannter Frauenarzt zu Wort und erklärte: «Bedenken Sie, meine Herren, der Coitus ist doch der Hasenbraten des armen Mannes!» – Ein Hasenbraten, den die Frau mit dem Leben bezahlen kann! Das gibt zu denken, namentlich als Ausspruch aus dem Munde eines Arztes, der sich als Fachmann der Gesundheit der Frau widmet!

Zustimmend schickte mir Professor Karl Ruge, Schüler von Bumm, ein Exemplar seiner Arbeit über «Cohabitationsverhältnisse bei Frauen, die die Universitätsfrauenklinik in der Artilleriestraße aufgesucht hatten». Er hatte festgestellt, daß jede fünfte Frau den Ehemann die letzten acht Tage vor der Entbindung ertragen mußte und manche noch nach Wehenbeginn und sogar nach Blasensprung! Diese Arbeit bestätigt meine Schlußfolgerung. Ihr nahe stand eine mir zugesandte Arbeit aus der Budapester Universitätsfrauenklinik über den Zusammenhang von Cohabitation mit Blasensprung und anschließendem Fieber. Neben drei bis vier kleineren Arbeiten, die einige Zeit nach meiner Veröffentlichung geschrieben wurden und dann Zustimmung brachten, konnte aber 1948 noch eine Arbeit erscheinen, die die «Coccen der Rachenmandeln des Pflegepersonals» verantwortlich machen wollte für Kindbettfieberinfektion!

Nun zurück zur Praxis. Die Sprechstunden dehnten sich allmählich von 4 bis 11 Uhr abends aus. Dank meiner guten Konstitution konnte ich die Arbeit ohne Übermüdung leisten, obgleich ich vormittags gewöhnlich 3–4 Stunden in der Klinik zu tun hatte und viele, viele Nächte bei Entbindungen zubrachte.

Den immer mehr steigenden Zulauf verdankte ich vielfach der Ungeschicklichkeit der Fachkollegen, die die psychische Behandlung der Frau nicht verstanden. So haben mir viele Patientinnen über die herrische, überhebliche Art geklagt, mit der sie von den Männern behandelt würden. Sie hätten den Arzt doch konsultiert, um zu erfahren, was ihnen fehle. Sie seien dann untersucht worden und nach der Untersuchung fast wortlos entlassen mit einem Rezept oder der Aufforderung, morgen zur Operation zu kommen. Zwischenfragen seien gar nicht berücksichtigt worden. Das bei Privatpatienten! Warum tut das der männliche Kollege? Hält er noch immer die Frau für so beschränkt, daß sie seine große Weisheit nicht versteht? Oder will er imponieren? Für beides ist die Zeit vorbei. Die Frau von heute denkt und kritisiert. Wenn sie in ihrer Not Rat von uns haben will, hat sie das Recht, Auskunft über das von uns festgestellte Leiden zu bekommen, und zwar in einer Weise erklärt, daß sie es versteht. Ich habe noch keine Frau zu dumm gefunden, daß ich ihr nicht mit einiger Geduld ihren Zustand klarmachen konnte. – Es geht auch nicht mehr an, daß man dem Ehemann, der durchaus nicht immer klüger ist, mitteilt, welche Operation bei seiner Frau gemacht werden soll, und ihr selbst nicht. Sie ist heute stark genug, auch schlechte Auskunft ertragen zu können. –

In manches habe ich noch Einblick bekommen, das mich sehr nachdenklich gemacht hat. Dies wieder auf dem Gebiet der Sexualität. Mehr als einmal nämlich flüchteten Frauen zu mir, denen gegenüber der vorher konsultierte männliche Frauenarzt die Objektivität nicht zu wahren gewußt hatte! Sicherlich bringt die Großstadt von allem Häßlichen den Abschaum. Aber meine Privatpatientinnen kamen nicht von unbekannten Ärzten. Ich habe nach Möglichkeit zu beruhigen versucht, mir aber gesagt, daß als Facharzt für Frauen doch nur ethisch hochstehende Männer zugelassen werden dürften und – daß letztlich dieses Gebiet in die Hände von Frauen gehöre. Eine umsichtige Behörde sollte deshalb die spezialärztliche Ausbildung von Frauen fördern durch bevorzugte Heranziehung zu Assistententätigkeiten in Frauenkliniken. An Kräften fehlt es der Frau nicht, wie inzwischen vielfach bewiesen ist; ich möchte im Gegenteil annehmen, daß sie besonders ausdauernd und zähe ist. – Sodann habe ich in der Praxis erlebt, daß Kolleginnen während der ganzen Schwangerschaft durchgearbeitet haben bis zum Wehenbeginn und am 8. Tage nach der Entbindung wieder Sprechstunden abhielten. Sie werden also auch mit dieser Schwierigkeit fertig, wenn sie ihren Beruf lieben.

– – – 1914–1918 in Berlin

Zwischen dem Jahr 1918 und unserer Zeppelinfahrt 1914 lag der Erste Weltkrieg. Die verhängnisvollen Schüsse von Sarajevo am 26. April 1914 haben den durchschnittlichen Deutschen, der sich um Politik kaum kümmerte, jäh aufgerüttelt aus seiner Lethargie. Mein Mann und ich gehörten auch zu den Sorglosen, die in der «Vossischen Zeitung» gewöhnlich die Leitartikel übergingen und hauptsächlich Berichte über Naturwissenschaften, Philosophie, Religion und Kunst lasen. Da trat uns plötzlich das Kriegsgespenst entgegen! – Nunmehr lasen wir die politischen Artikel mit größter Spannung, ließen uns aber, weil wir von «vorher» keine Kritik hatten, zunächst stark beeinflussen von der Richtung der Zeitung und von dem uns schulmäßig aner-

zogenen Vertrauen zu der Kraft und militärischen Tüchtig-
keit Deutschlands, das in den letzten Kriegen so glänzend
gesiegt hatte.

Der Mord empörte *jeden* Menschen! Vergeltung kam uns
selbstverständlich vor. – Aber Deutschland mittun? Die Er-
mordung des Thronfolgers war doch eine interne Angelegenheit Österreichs! – In Berlin herrschte große Unruhe.
Wohin man sah, standen Menschen in Gruppen zusammen
zur Besprechung. Fieberhafte Erwartung der Wirkung des
österreichischen Ultimatums an Jugoslawien. Die allge-
meine Spannung wurde langsam quälend. Man hörte, daß
bei einer Kriegserklärung Deutschland auf Grund seines
Bündnisses Österreich unterstützen *müsse*. Mit Frida Duensing zusammen, die «das aufgewühlte Leben des Volkes
kennenlernen und mit ihm Fühlung nehmen wollte», bin
ich in den kritischen Tagen in das Zentrum der Stadt gefahren und Unter den Linden auf und ab gegangen, vom Bran-
denburger Tor zum Schloß und zurück und schließlich mit
zur österreichischen Botschaft. Die «Linden» waren schwarz
von Menschen ..., die wie wir, hin und her wanderten und
wahllos aufeinander einredeten. Ich sah Frida Duensing
verschiedentlich in eifrige Gespräche verwickelt. Am folgenden Tag kam die Kriegserklärung Österreichs heraus! –
Die sich daran anschließenden Straßenumzüge zum Schloß
habe ich nicht mitgemacht. Es fiel dann das Wort des Kaisers: «Ich kenne keine Parteien mehr!», das in der aufs äu-
ßerste erregten Menge einen ungeheuren Jubel auslöste.
Merkwürdig! Alle Sorge, alle Angst vor dem Kriegsschrek-
ken waren ausgelöscht! Es erfüllte uns ausschließlich das
Gefühl, daß jetzt das Vaterland gefährdet sei und wir zu ihm
stehen müßten. Es riß uns mit, meinen sonst sehr zurück-
haltenden Mann auch, am Potsdamer Platz dem Auszug der
Truppen beizuwohnen. Sie waren geschmückt mit Blu-

mensträußen, als ob es zu einem Fest ginge, und wurden vom Publikum überschüttet mit Butterbrotpaketen und guten Sachen. Das Gesicht eines großen blonden Grenadiers, der sich strahlend umwandte und Dank winkte, ist mir unvergeßlich. Ob er wiederkommen würde? – So groß aber war die Begeisterung, daß mir selbst vorübergehend der Gedanke kam, ich möchte mit Gewehr über mitmarschieren in die Schlacht. Wir fühlten unser Vaterland jetzt schon «unschuldig angegriffen», weshalb jeder einzelne das Seine tun müsse zu helfen! Die einzelnen taten dann auch ein übriges. Auf den Bürgersteigen und neben den Bahngleisen fand man massenhaft gute Butterbrote, die die Soldaten als Ballast weggeworfen hatten. Wer ahnte damals die Not von 1917!

Aus unserer Familie ging nur mein einziger noch lebender Bruder mit als Chirurg bei der Kluckarmee. Mein Mann hatte nicht gedient, wurde deshalb nicht eingezogen und ging erst 1915 als freiwilliger Arzt nach Spa und später nach Lötzen in ein Typhuslazarett. – Die ersten Kriegsereignisse brachten uns eitel Freude. Die Glocken läuteten Siege ein, und wir schmückten die Häuser unaufgefordert mit Fahnen und Fähnchen, soviel wir ihrer habhaft werden konnten. Da hingen neben großen Fahnen an jedem Fenster noch ihrer zwei bis drei kleine. Man sah oft das Haus vor Fahnen nicht.

Einen Schatten warf auf unsere Freude nur die regelmäßig herausgegebene Verlustliste. – Die Zeitungen brachten neben dem eigenen Kriegsbericht auch den der Alliierten. Wenn zwischen ihnen Unstimmigkeiten herrschten, die uns auffielen, dann haben wir nie gezweifelt, daß der Bericht unserer eigenen Heeresleitung der richtige sei. Unser Vertrauen zur Führung war ein absolutes. Mich machte zuerst eine kurze Karte meines Bruders stutzig. Am 7. September

1914 hatte er mir von Compiègne geschrieben: «Dieser Ritt durch das schöne Frankreich bei dem herrlichen Wetter ist das reinste Vergnügen!» Einige Tage später kam eine zweite Karte, «ich möge ihm umgehend eine ganze medizinisch-chirurgische Ausrüstung zuschicken, er habe seine verloren». Verlieren? – Das konnte doch nur auf einem eiligen Rückzug geschehen! Von dem erfuhren wir aber nichts. Es wurden weitere kleine Siege überbetont gemeldet und von unseren Glocken ausgeläutet. Schließlich wurde dann zugegeben, daß man sich auf die Maas zurückgezogen habe aus strategischen Gründen. Auch diese Niederlage an der Maas haben wir kleinerer Siege wegen wieder «gefeiert», mit Glockenläuten und Fahnenaushängen. Wir taten das ohne Zwang! Die später im Nationalsozialistischen Staat befohlene Ausschmückung der Häuser hat nie den Umfang erreicht wie die unsere damals. Langsam kam dann die Lebensmittelknappheit und mit ihr das «Frieren». Infolge von Schwierigkeiten im Kohlentransport haperte es mit der Heizung, und wegen fehlender Rationierung gingen die Eßvorräte zu Ende, bevor Ersatz da war. Kein Fleisch, ungenügende Mengen schlechten Brots, kein Fett. In den Gemüseläden nur mehr Kohlrüben und vereinzelt Kartoffeln ab und zu. So aßen wir dann 1917 morgens schlechtes Brot mit Kohlrübenmarmelade, mittags Kohlrübengemüse mit nur sehr wenig oder gar keinen Kartoffeln, ganz ohne Fett und Fleisch. Abends gab es zum dritten Mal Kohlrüben in etwas veränderter Form. Die Hausfrauen wurden langsam erfinderisch in bezug auf die Zubereitung. Gewöhnlich war man aber schon zwei Stunden nach den Mahlzeiten wieder hungrig, als hätte man nichts gegessen. Mein Mann und ich hatten uns aus Patriotismus vorgenommen, mit den inzwischen eingeführten Lebensmittelkarten auszukommen und uns nichts daneben zu beschaffen, wozu wir die Möglichkeit hatten, weil ich Mitbesitzerin eines Gutes in Ostfriesland war. Stramm führten wir unseren Vorsatz durch. Da passierte es aber mir gesundem, starken Menschen, daß ich eines Tages auf dem Wege zu einem Krankenbesuch einen Ohnmachtsanfall bekam. Ich hielt mich taumelnd an einer Hauswand fest, überlegte noch, daß doch pathologisch keine Ursache vorliege für eine Ohnmacht, und trat schnell in ein nahe gelegenes Milchgeschäft ein, um mich zu setzen. In dem Geschäft fiel mein Blick auf drei markenfreie Pfeffernüsse aus Holzmehl. Die kaufte ich und aß sie. Mit dem Erfolg, daß ich schnell wieder frisch war. Also: Ohnmachtsanfall aus Hunger! – Als an einem der nächsten Tage mein Mann einen ähnlichen Ohnmachtsanfall erlitt, während er mir bei einer Laparotomie (Bauchoperation) assistierte, haben wir mit unseren Prinzipien gebrochen und uns schnellstens von dem Pächter einen Sack Erbsen kommen lassen. Er hatte nur mehr graue Erbsen, die man als Viehfutter benutzt. Sie haben uns hervorragend geschmeckt. Wir aßen sie als Suppe, als Gemüse und als Püree und luden zu solch üppigen Mahlzeiten auch unsere Freunde ein, die sich mit uns daran delektierten.

Erwachsene Menschen nahmen in diesen entsagungsreichen Jahren durchschnittlich 35 Pfund ab, ältere starben teilweise vor Schwäche. Wir Ärzte schrieben Atteste für die Wirtschaftsstellen zwecks Bewilligung von Zulagen. Sie sind sicherlich nach Möglichkeit berücksichtigt worden, aber es waren ihrer zuviel, so daß der Mangel an Material zum Abweisen zwang. Die Folge war ein Jammern und Betteln, das dann die Angestellten wieder nervös und vielfach heftig und barsch machte. Bei der damals herrschenden wohltuenden Redefreiheit gab es in der Folge drastische Szenen. Eine meiner poliklinischen Patientinnen erzählte mir, es habe in ihrer Gegenwart ein uraltes, elendes Mütter-

chen um etwas Milch gebeten und sei von dem «gut ge-
nährten» Beamten mit den Worten abgewiesen worden:
«Für Sie gibt es nichts mehr; Sie gehören ins Grab hinein!»
Daraufhin sei ihm von einer daneben stehenden Berlinerin
mit lauter, schallender Stimme geantwortet worden: «Und
Sie Vollgefressener, Sie gehören an die Front, in den vor-
dersten Schützengraben!» – Das unter Beifall aller Anwe-
senden und ohne behördliche Folgen.

Sehr gesorgt haben wir Ärzte uns um die heranwachsende
Jugend. Greisenhafte Kindergesichter starrten einen mit
hungernden Blicken an. Sie hielten Ausschau nach eßbaren
Abfällen, die es nicht mehr gab. Man befürchtete, daß diese
Kriegsgeneration für ihr ganzes Leben geschädigt sein
würde. Viele sind Opfer der sich neu ausbreitenden Tuberkulose geworden, viele auch auf Grund ihrer Schwäche an
zusätzlichen Krankheiten gestorben, aber allen Befürchtungen zum Trotz hat gerade diese Jugend 22 Jahre später die
Kämpfer geliefert für den zweiten, noch viel schwereren
Krieg.

Besser als in den letzten Jahren des zweiten Krieges waren
wir noch mit Nähr- und Kräftigungsmitteln versehen. Man
konnte Lebertran in genügender Menge bekommen, Malz-
präparate und Promonta. Die habe ich den elenden Frauen
und Müttern, die ihre eigenen spärlichen Lebensmittel
noch an Mann und Kinder abzugeben pflegten, in reichem
Maße verschrieben. Aber was taten sie damit? Sie gebrauchten den Lebertran zum Braten und erzählen mir
dann strahlend, wie gut das gehe.

In den Sprechstunden der Ärzte spiegelte sich die wirt-
schaftliche und politische Spannung der Zeit stark wider
und in gleicher Weise die Selbsthilfe und Abwehr der Bürger. Wie in den schweren Notzeiten des Ersten Weltkrieges
das werdende Kind abgelehnt wurde, so wurde es später in

den Hitlerzeiten herbeigewünscht, weil Familien und Kinder ernährungsmäßig bessergestellt waren. Im totalen Krieg gar konsultierten uns Frauen mit der Bitte um Beseitigung ihrer Sterilität, nur um von der Rüstungsarbeit befreit zu werden. Man bekam durch die Praxis auch Einblick in die Verwirklichung politischer Ideen in den einzelnen Familien. So hatte ich Weihnachten 1915 an einem Tage zwei Krankenbesuche zu machen, den einen bei der Frau eines damals an der Spitze stehenden Kommunisten. Die sehr gebildete und liebenswürdige Kranke mußte das Bett hüten, und ich hatte ihr zur Pflege eine meiner besten Krankenschwestern geschickt. Diese sehr verständige Schwester fing mich bei meinem Besuch an der Haustür ab und bat mich, sie möglichst gleich ablösen zu lassen, sie halte es wegen der schlechten Behandlung, besonders von seiten des rücksichtslosen Ehemannes, nicht mehr aus. Alles Zureden nützte nichts. – Der zweite Besuch galt der Witwe des einstigen Kultusministers Graf von Zedlitz-Trütschler, einer 70jährigen, ausgesprochen gütigen Dame. Diese fand ich im Eßzimmer vor einem großen ausgezogenen Tische sitzend, Geschenke zu ordnen für den Diener, der 40 Jahre im Hause war, für die Jungfer, die sie 30 Jahre hatte, und für die noch ältere Köchin. Die Gräfin war politisch ebenso weit rechts gestellt wie der kommunistische Mann links. Aber wo herrschte der soziale Gedanke? Wo wurde er in die Tat umgesetzt? Zur Lösung der sozialen Frage in ihren letzten Instanzen brauchen wir, meine ich, in erster Linie eine Erziehung der Menschen zur Nächstenliebe von klein auf. – Ich entsinne mich auch aus der Praxis eines hochgebildeten kommunistischen Ehepaars, das seine Kinder zu fanatischem Klassenhasse erzog, dabei aber alle drei Privatschulen besuchen ließ, um sie vor den «Roheiten der Volksschule» zu bewahren. – Eine verwöhnte junge Frau, Tochter eines bekannten Berliner Kommunisten, lag als Wöchnerin in meiner Klinik erster Klasse mit extra Pflegerin. Scherzend sagte ich ihr, daß sich die erste Klasse doch mit ihren kommunistischen Ideen nicht in Einklang bringen lasse, sie hätte sich konsequenterweise doch dritter Klasse legen müssen. Worauf sie entgegnete: «Nein! So wie ich es jetzt habe, sollen es einstmals alle Frauen haben!» An die unerschwinglichen Kosten, die das verursachen würde, und die dadurch bedingte Unmöglichkeit dachte sie nicht. So habe ich viele Widersprüche erlebt zwischen Theorie und Praxis, viel oberflächliches Daherreden und entgegengesetztes Handeln.

1915 kam mein Mann nach Spa in das dortige Typhuslazarett. Er hatte nie gedient, weil er als junger Mann bei der damals scharfen Auslese einen zu schmalen Thorax hatte. Nun mußte er ohne jede Kenntnis der militärischen Belange gleich als Offizier heraus. Das war keine kleine Verlegenheit für uns. Zunächst schon das «Grüßen». Unser Freund Professor Corssen, ein Gelehrter, der auch nie gedient hatte, war der Meinung, man müsse beim Grüßen die Hand horizontal gegen die Stirn legen; mein Mann und ich meinten, die Hand müsse nicht an die Stirn, sondern an die Schläfe gehalten werden. Aktive Offiziere, die ihn hätten belehren können, waren für uns gerade nicht erreichbar. Schließlich entschied sich mein Mann für das Handanlegen an die Schläfe. – Und dann noch der lange Schleppsäbel! Mußte der schleppend und lärmend nachgezogen werden, oder durfte man ihn mit der Hand heben und tragen? Das waren unruhige Sorgen, die uns aber am Ende ins Lachen brachten. – Der Zug nach Köln fuhr abends im Dunkeln vom Bahnhof Zoo ab. Ich begleitete meinen Mann zur Bahn, und wir drückten uns zur Vermeidung von Grußgelegenheiten möglichst nah an den Häusern entlang. Als Gespenst stand uns das Erscheinen eines Generals vor Augen. Aber das ging gut. Bei der Unruhe und Sorge aber stieg mein Mann dann so schnell in den Zug, daß er vergaß, sich von mir zu verabschieden, wofür ich Verständnis hatte. – Als wir uns vier Monate später in Köln wiedersahen, grüßte er gewandt, als sei er sein Lebtag Offizier gewesen. – Von Spa aus wurde er später nach Lötzen versetzt, wieder in ein Typhuslazarett. Es war nach der ruhmvollen Schlacht bei Tannenberg. Dort besuchte ich ihn im Spätherbst 1916, als in Berlin die Lebensmittelknappheit stark einsetzte. Wir hatten kaum Fleisch, sehr wenig Fett und großen Mangel an Kartoffeln. Als ich nach einer Nachtfahrt in Lötzen ankam, holte mich mein Mann von der Bahn ab und ging direkt mit mir in das Kasino. Dort wurde mir ein Wiener Schnitzel aufgetischt, das den ganzen Teller ausfüllte! – Ich traute meinen Augen nicht und habe so verdutzt ausgesehen, daß mein Mann hell auflachen mußte. Ihm kam erst bei dieser Gelegenheit zu Bewußtsein, welche Entbehrungen wir in Berlin schon zu ertragen hatten. Die folgenden 14 Tage dann habe ich mich in Lötzen für alles entschädigt, wobei ich mit besonderer Freude an die Champignonkulturen des gastfreien Oberst Busse zurückdenke.

In der Umgebung von Lötzen sah ich die ersten Soldatengräber an der Landstraße. Sie lagen vereinzelt und gehörten verschiedenen Nationalitäten an, bald der deutschen, bald der russischen. Diese erste Berührung mit den Realitäten des Krieges, zu denen sich bald auch zerschossene Häuser als Warnzeichen gesellten, packte mich seelisch stark an. Ihr Eindruck trat nicht zurück, als wir später in den Dolomiten die ausgedehnten Soldatenfriedhöfe sahen, die durch den Gedanken an die *Masse* getöteter, blühender Leben erschütterte.

Ich kam mit sichtbarer Gewichtszunahme nach Berlin zurück und war in meinem Vertrauen zu einem guten Kriegs-ausgang noch bestärkt. Nur schickte ich meine Garderobe in einem Karton voraus und füllte vorsichtshalber die Koffer mit Kartoffeln.

Weil langsam mehr und mehr Ärzte eingezogen wurden, häufte sich für uns Zurückbleibende die Arbeit, insbesondere die chirurgische. Ich habe fast täglich operiert.

Das Jahr 1918 fing an, uns Gläubige zu beunruhigen bezüglich des Kriegsausgangs. Es liefen Gerüchte um. Zunächst Gerüchte von der Übermacht des Feindes an Fliegern, so daß oft ein einzelner deutscher Flieger gegen eine Gruppe von Gegnern aufsteigen und kämpfen mußte. Dann wurden Schlüsse gezogen von unserem eigenen zunehmenden Nahrungsmangel auf mögliche Knappheit an der Front; und bald hörte man auch hie und da von Urlaubern, daß im Gegensatz zu ihnen der Feind in seinen Gräben Schätze von besten Nahrungsmitteln habe. Auf dies beunruhigende Gerede hin besuchte ich mit einer Bekannten zusammen eine von bürgerlichen Parteien einberufene Versammlung in den Spichernsälen. Wir kamen pünktlich, aber der Saal war schon überfüllt, wir fanden nur oben auf der Galerie noch Platz. Es war schwer, Ruhe herzustellen. Als dann der Redner erschien und mit beruhigenden Sentenzen begann, wurde plötzlich zu unserem jähen Entsetzen dazwischengerufen: «Nieder mit Ludendorff! Nieder mit dem Hasardeur!» – Wir hatten Hindenburg für etwas alt gehalten, aber um so mehr Ludendorff vertraut. – In allerkürzester Zeit tobte im Saal ein wilder Redekampf, und dann sahen wir auch schon Stühle herumfliegen. Man konnte nur schnellstens flüchten, um nicht mit hineingezogen zu werden. Es blieb der Schrecken über das Gehörte. Und dann kam der Zusammenbruch. – Wilsons zehn Punkte ließen uns hoffen. Aber die Meutereien! Die Abdankung des Kaisers! Ge-

gen die lehnte man sich anfangs auf, um nachher einzuse-
hen, daß das Opfer gebracht werden müsse. Seine Flucht
nach Holland konnten wir nicht verurteilen, weil wir die
überspitzten Ehrbegriffe des Offizierskorps nicht teilten
und an den Erfolg einer Rückführung des Heeres unter seiner Leitung nicht glaubten. Erschütternd aber war der An-
blick der zurückkehrenden Truppen. Nichts mehr von Disziplin, die einzelnen Soldaten zerlumpt, abgezehrt und
müde, keine Offiziere zu sehen, aber auf den Kanonen
«Weiber». Wir sicherten unsere Haustür innen mit Blech-
beschlag und mit langen eisernen Querriegeln. Hungernden Bettlern ist alles zuzutrauen, und wir hatten doch nichts
zu geben. Während um den Waffenstillstand verhandelt
wurde, brach die kommunistische Revolution aus. – Revolution?! Ich stand in der Tauentzienstraße mit vielen anderen an einer Haltestelle und wartete auf meine Elektrische.
Da kam ein Radfahrer vom Zentrum her gefahren und rief
aus: «In der Stadt ist Revolution!» Ihm folgten bald große
Lastwagen mit bewaffneten Zivilisten, die Furcht einflößen
wollten. Aber sie blieben beim Schreien und Drohen und
schossen nicht. Wir reizten sie nicht, ließen uns aber auch
nicht von ihnen aufregen, sondern warteten weiter auf die
Elektrische. Das Leben mitsamt Praxis ging gleichmäßig
seinen Weg. Wir erfuhren gar nichts, wer sich den Kommunisten entgegenstellte, hörten nur dauernd Schießerei. In
unserer Gegend zunächst am Stadtbahnhof Bellevue, dann
Bahnhof Tiergarten. Weil wohl die einzelnen Stadtteile von
zwei kämpfenden Parteien abgeriegelt waren, bekamen wir
Ärzte rote Passierscheine, die wir den jeweiligen Posten
vorzuzeigen hatten. Man mußte wieder lange Wege zu Fuß
machen, auch nachts, weil wenig Taxiautos vorhanden waren. Über Tag wurden die Straßen immer voller von erregten Menschen, die sich zusammenrotteten und von Polizi-

sten auseinandergetrieben wurden. Unsere Gegend – an der Kaiser-Wilhelm-Gedächtniskirche – war ein beliebter Treffpunkt der Kommunisten zur Demonstration gegen die «Kapitalisten im Westen». Wir sahen dort öfter den damaligen Polizeipräsidenten Friedensburg persönlich eingreifen. Immer wieder aufgeputscht wurde die Menge durch Hetzreden von Liebknecht und Rosa Luxemburg. Für letztere hatte ich menschlich Sympathie bekommen durch Erzählungen von Bekannten. Drei liberal gesinnte Damen aus stockkonservativen Kreisen waren aus Neugierde in eine ihrer Versammlungen gegangen und berichteten: Es hätte da eine kleine verwachsene Dame gesessen, von der sie nicht hätten glauben können, daß sie die Rednerin sei. Aber tatsächlich sei diese ans Rednerpult getreten und hätte das Wort ergriffen. Noch zweifelnd und mißtrauisch hätten sie ihr anfangs zugehört, und dann seien sie alle drei langsam derart in ihren Bann geraten, daß sie die folgenden zwei Stunden atemlos an ihren Lippen gehangen und alles bejaht hätten, was sie sagte. Acht Tage lang seien sie nicht losgekommen von den gehörten Gedankengängen. – Wenn nun solche Rednerin schon auf politisch anders eingestellte Zuhörer einen so starken Eindruck macht, wie groß muß da der Einfluß gewesen sein auf Menschen gleicher Richtung und mit weniger Kritik! Rosa Luxemburg ist eine Künstlerin gewesen, meine ich, eine Künstlerin in der Art der Erfassung ihres Themas und in der Beherrschung des Wortes. Als solche offenbarte sie sich auch in ihren hinterlassenen Briefen. Man hätte nur gewünscht, daß sie sich statt der Politik rein menschlichen Fragen zugewandt hätte. Indes in den kritischen Zeiten damals empfanden wir sie und Liebknecht als Gefahr. Wir sehnten uns nach Ruhe; und immer wieder putschten diese zwei das Volk auf. – Eines Tages wurde ein junger Offizier bei uns einquartiert, dessen Standort das Edenhotel war. Bei Fragen meines Mannes tat er geheimnisvoll, so daß wir merkten, wir durften nicht weiterforschen. Dann plötzlich ein Gerücht, man habe eine weibliche Leiche im Landwehrkanal gefunden, nicht weitab vom Edenhotel. Am Abend desselben Tages die Nachricht, daß diese Leiche identifiziert worden sei als die von Rosa Luxemburg. Trotz aller persönlichen Sympathie atmete man auf. Und mehr noch atmete man auf, als bekannt wurde, daß auch Liebknecht tot sei, erschossen auf der Flucht! – Ein paar Jahre später, als die politischen Kämpfe vorbei waren, hörte ich von einer Landsmännin, die in der Nähe des Edenhotels eine Pension hatte, sie habe in der kritischen Spartakistenzeit eines Abends einen Spaziergang zum Tiergarten machen wollen, da habe ein Auto vor dem Hintereingang des Hotels, dem Theater gegenüber, gestanden, und plötzlich sei in dies Auto eine Frau hineingetragen worden, auf die mit Gewehrkolben eingeschlagen worden sei. Schreie habe sie nicht gehört, habe aber vor Schreck schnell kehrtgemacht. War sie Zeugin eines politischen Mordes? – Der junge Offizier hatte auf Warnung meines Mannes hin geäußert: «Uns passiert nichts, wir haben Zusicherung dafür!» – In dieser kritischen Spartakistenzeit, während der Matrosenkämpfe um Schloß und Marstall, trat Friedrich Naumann, der bekannte Führer der Demokraten, an uns Bürger heran und rief uns zum Widerstand auf gegen die Gefahr des Überranntwerdens vom Kommunismus. Wir sollten uns nicht abwartend zurückhalten, sondern auch herausgehen auf die Straße und dem Volke zeigen, daß es noch eine andere Meinung gäbe und einen anderen Willen. Er rief uns zu einer Zusammenkunft an der Siegessäule, die damals noch in der Nähe des Reichstagsgebäudes stand. In Scharen strömten die Bürger herbei, mein Mann und ich mit. Naumann hielt eine pakkende Ansprache, nicht aufhetzend, aber ernst und eindringlich, und forderte uns dann auf, uns zu einem Demonstrationszug für die sozialdemokratische Ebertregierung zu formen und mit ihm durch die Linden zur Wilhelmstraße zu marschieren zur Kundgebung. Bewegten Gemüts rückten wir zum Zuge zusammen. Da kommt die Nachricht, daß die Kommunisten von der beabsichtigten Demonstration gehört hätten und nun uns entgegen ihre Toten in langem Trauerzuge die Linden herunter tragen würden. Das hätte bei der allgemeinen Erregung einen schweren Zusammenstoß geben können, der wahrscheinlich nicht ohne Blutvergießen abgegangen wäre. Zur Vermeidung solcher Gefahren wurde beschlossen, den Trauerzug durchpassieren zu lassen und erst nach dessen Abzug den Marsch selbst anzutreten, und zwar durch die Dorotheenstraße, eine Parallelstraße der Linden. Fast zwei Stunden haben wir dort gewartet. Danach konnten wir ungestört durch die Dorotheenstraße zum Kupfergraben marschieren. Als wir dann aber vom Kupfergraben einbogen in die Linden, erwarteten uns dort noch zahlreiche vom Trauerzuge zurückgebliebene Kommunisten. Lauter Fanatiker. Mit verzerrten Wutgesichtern schrien sie uns an: «Nieder mit euch Bluthunden! Nieder mit Ebert, nieder mit Scheidemann!» – Dabei stießen sie mit geballten Fäusten den Daumen zur Erde hin, als ob sie uns erstechen wollten. Ehe es mir selbst zum kritischen Bewußtsein kam, schrie ich ihnen entgegen: «Hoch Ebert! Hoch Scheidemann!» – obwohl mir Scheidemann gar nicht lag. Mit mir taten das noch eine ganze Anzahl Demonstrationsteilnehmer. Es war die spontane Reaktion erregbarer Menschen auf solche maßlosen Leidenschaftsausbrüche.

Zum Glück wurde im ersten Krieg keine Propaganda gemacht für Völkervermehrung. Die jungen Eheleute haben
im Gegenteil aus fürsorgerischem Denken heraus sich vielfach den Wunsch nach Kindern versagt, wenn sie vielleicht
doch eins hätten großziehen können. Bei manchen war die
Furcht so groß, daß sie nicht nur die Konzeption verhin-
derten, sondern sogar Versuche machten, die schon beste-
hende Frucht zu beseitigen. Es gab ungezählte artifizielle
Aborte. Man konnte fast schon von einer Epidemie sprechen. Die Gerichte wurden nachsichtiger. Man ließ bei
Beurteilung der Schwere eines Vergehens gegen den § 218 –
den Abtreibungsparagraphen – die soziale Not als Mil-
derungsgrund gelten. Weil ich nicht so pessimistisch eingestellt war und auch sah, wie viele junge Mütter ihre
Säuglinge trotz aller Not gut zu pflegen imstande waren,
habe ich den verzagten Frauen nach Kräften zugeredet, das
große Glück eines Kindes nicht der Verzweiflung über ein
doch vorübergehendes soziales Elend zu opfern. Dabei fand
ich, daß nicht die werdende Mutter das Kind abwehrte,
sondern meistenteils der Vater! – Die Väter hatten Angst,
den Unterhalt für sich, die Frau und noch ein Kind neben
etwa schon vorhandenen nicht beschaffen zu können. Sie
sagten das auch offen der Frau und gelegentlich auch mir. Ja,
sie waren es, die die Frauen zum Abtreiben veranlaßten und
häufig unter Drohungen *zwangen*!!! – Ich entsinne mich
eines nervösen Ministerialrats, der spät geheiratet hatte und
seiner über eine doch noch eingetretene Schwangerschaft
hochbeglückten Frau erklärte, wenn sie sich nicht die
Frucht entfernen ließe, würde er Mittel und Wege finden
zu einer Scheidung, «denn er könne Kindergeschrei und
Lärm bei seiner Arbeit nicht ertragen» (!). Etwas empört

«Mutterschaft in jedem Stadium erfordert Fürsorge und Schutzgesetze, aber keine strafende Faust»

lehnte ich den Eingriff ab und – sah sie nicht wieder, was soviel bedeutet, als daß sie zu einem bereitwilligeren Kollegen gegangen ist ... Durchgesetzt haben diese Art Männer ihren Willen immer, weil bei ihnen das Gefühlsmoment fehlt. Der Mann hat von sich aus keine Bindung an das werdende Kind. Sein Interesse beginnt erst bei den geborenen, wenn sie geistiges Leben zeigen, ihn anlachen oder «Vati» zu ihm sagen! – Die Mutter dagegen fühlt sich vom ersten Wissen um ein keimendes Wesen an ihm auch verbunden. Ihre Naturanlage treibt sie zum Schutz des Werdenden ebenso wie zu dem des Geborenen. Diesen psychophysischen Zusammenhang hat der Gesetzgeber scheinbar nicht beachtet, jedenfalls nicht genügend bewertet, denn der § 218 wendet sich ausschließlich gegen die Frau, die eine Abtreibung vornimmt oder an sich vornehmen läßt, und zieht den dazugehörigen Mann zur Bestrafung nur heran, wenn er sich aktiv an dem Eingriff beteiligt hat; denn strafbar sind außer der Frau noch Personen, die die Abtreibung vornehmen (Ärzte, Hebammen usw.).

In Zeiten wirtschaftlicher Not und dadurch bedingter Mutlosigkeit der Menschen wird die Abtreibungsfrage akut. So auch nach dem Ersten Weltkrieg in der Inflationszeit. Es wurde damals in medizinischen Blättern, Tageszeitungen und öffentlichen Versammlungen leidenschaftlich für und gegen den § 218 gekämpft. Dabei blieben nur wenige Kämpfer logisch. Konservative Fanatiker stellten die «Heiligkeit des keimenden Lebens» in den Vordergrund und wollten deshalb den Paragraphen unverändert beibehalten; sie stellten die Gegner hin als Atheisten und Antichristen; andere wieder forderten Freiheit des Menschen über seinen Körper. – Dabei handelte es sich weder um das eine noch um das andere, sondern nur um die Frage: Erfüllt der Paragraph seinen Zweck? Schützt er das keimende Leben oder tut er das nicht? – Schützt er genügend, dann muß er bleiben, tut er das nicht, dann muß er geändert werden. – Erfüllt er seinen Zweck? Hat er durch seine Strafandrohung die Zahl der Aborte eindämmen können oder nicht? Die Antwort darauf ist eindeutig! Es hat während seines Bestehens bis heute die Zahl der kriminellen Aborte, über die gerichtlich verhandelt wurde, rapide zugenommen, und diese offenbar gewordenen Fälle bedeuten nur einen kleinen Prozentsatz der Abtreibungen, die im geheimen tagtäglich vorgenommen werden und nicht bis zum Staatsanwalt vordringen.

Laut einem Bericht aus Düsseldorf vom 20. April 1953 ist gelegentlich einer Versammlung in Anwesenheit von Hundhammer festgestellt worden, daß nach amtlichen Schätzungen der deutschen Ärzteschaft täglich mehr als tausend Abtreibungen in der Bundesrepublik vorgenommen werden! – Das bedeutet ein volles *Versagen* des § 218. Die heimlichen Helfer sind bei der zunehmenden Nachfrage langsam geschickt worden. Trotzdem aber zeitigen sie den größten Teil der unglücklichen Frauenopfer, die in den Kriminalakten geführt werden! Frauen in großer Zahl lassen ihr Leben dabei, in größerer Zahl noch ihre Gesundheit. Kommt ihr Fall zur Anzeige, dann wandert die betreffende Frau, sofern sie am Leben geblieben ist, außerdem noch in ein Gefängnis oder Zuchthaus! – War sie nun die Sünderin bei der Übertretung des Strafparagraphen? Die Aktive? – Die Arbeiterfrau mit sechs Kindern, für deren Ernährung sie noch mitarbeiten muß, hätte angesichts der Notlage lieber kein 7. Kind gezeugt, aber sie wurde von dem Ehemann dazu genötigt durch die Drohung, daß er sonst zu anderen Frauen gehen würde. Die Ministeralratsfrau hätte mit größter Freude ausgetragen, sie mußte das Kind und ihr Glück aber dem Egoismus des Mannes opfern, der bei etwaiger Strafverfolgung selbst *leer* ausgegangen wäre. Was Wunder, daß solch ein Paragraph keinen Erfolg hat in bezug auf eine Verminderung der Aborte! Er wendet sich ja nicht gegen den eigentlichen Übeltäter, sondern gegen dessen Opfer. *Zu bestrafen ist der Mann*, der eine Frau schwängert und nachher nicht zu der Schwangerschaft steht, der das Mädchen nicht heiratet, sondern dem Elend preisgibt, der die Frau durch sein Verhalten zur Unterbrechung zwingt. Nur so gerichtet könnte ein Paragraph Erfolg haben. Der mit Zuchthaus bedrohte Mann würde sich vielleicht besinnen, bevor er hemmungslos Kinder zeugt, und erst recht, bevor er zum Abort treibt. In dem schriftlichen Kampf gegen diesen unglücklichen Paragraphen 218 hat mir aus seinem starken Rechtsempfinden heraus mein Mann nach Kräften sekundiert. Helene Lange, die sich für diese Frage auch lebhaft interessierte, war der Meinung, wir hätten dem Sinn nach recht, aber bei der heutigen Männerregierung bestände wohl wenig Aussicht auf eine Abänderung des Paragraphen zu Lasten der Männer. In Deutschland ist denn auch bis 1952 alles beim alten geblieben. Aber aus der Sowjetzone hört man, daß dort Grundlegendes geändert worden ist.

In dem Gesetz des Landes Sachsen vom 4. VI. 1947 über die Unterbrechung der Schwangerschaft ist in dem Paragraphen 8 folgende Bestimmung getroffen:

1. Wer auf eine von ihm geschwängerte Frau durch Mißhandlungen, Drohungen oder Versprechungen einwirkt, um sie zu einer ungesetzlichen Unterbrechung der Schwangerschaft oder Abtötung der Leibesfrucht zu veranlassen, wird mit Gefängnis bestraft.

2. Ebenso wird bestraft, wer einer von ihm geschwängerten Frau vorsätzlich oder grob fahrlässig die Hilfe versagt, der sie wegen Schwangerschaft oder Niederkunft bedarf, und dadurch Mutter und Kind gefährdet.

Diese mir vom «Demokratischen Frauenbund Deutschlands» gewordene Auskunft lautet weiter: «Eine entspre-

Berliner Zeitung BZ am Mittag 24. 3. 1931

chende Bestimmung befindet sich unseres Wissens in all den Gesetzentwürfen, die den übrigen Landtagen der Sowjetzone zur Zeit vorliegen, bzw. von ihnen schon angenommen, aber nicht verfügt sind.» Das war 1947 im Dezember. Offenbar ist dies neue Gesetz unter dem Einfluß von Frauen entstanden. Ob bei uns im Westen die Möglichkeit eines ähnlich segensreichen Einflusses von Frauen besteht? Es wäre deprimierend, wenn wir auf diesem Gebiet dem Osten den Vorrang lassen müßten.

--- Ärztin in der Weimarer Republik

Die 1918 folgende Zeit gehörte den Sozialdemokraten. In der Übergangszeit hatten wir Privatmenschen noch viel Unruhe durch Streiks. Weil Wasserstreiks am unangenehmsten waren, haben wir immer alle zur Verfügung stehenden Gefäße, vor allem die Badewanne, möglichst mit Wasser gefüllt gehabt. Sehr unangenehm waren auch die Lichtstreiks. Da entsinne ich mich, daß im Cäcilienhaus in Charlottenburg, wo ich gerade eine herzkranke Frau entbunden hatte, ein Kollege mitten in einer großen Operation steckte, als es dunkel wurde. Eine Viertelstunde lang wurde nach Kerzen gesucht, ehe er in deren Schein weiterarbeiten konnte.

Den größten Streik, den Generalstreik zur Abwehr des Kapp-Putsches, erlebten wir in Goslar. Wir waren eben im Begriff, von einem Erholungsaufenthalt nach Berlin zurückzufahren, als dieser ausbrach. Es gab dann keinerlei Möglichkeit mehr zu Reisen. Alles stand still. Die Post war geschlossen, die Bahnhöfe, die Geschäfte; es gab kein Licht, kein Wasser. Das bewirkte eine unheimliche Stille, besonders abends, wenn man vor Unbehagen aus dem spärlich beleuchteten Hause nach draußen ging. Nirgends blinkte ein Licht, kein Mensch auf der Straße; man tastete sich im Dunkeln etwas voran, kehrte dann aber bald ins Haus zurück, weil man sich so verloren vorkam. – So unangenehm uns dieser Zustand war, so haben wir doch die große Disziplin bewundert, mit der dieser Streik durchgeführt wurde, andererseits aber auch mit Schrecken erkannt, welche Macht ein Generalstreik als politische Waffe bedeutet.

An den rein politischen Begebenheiten haben mein Mann und ich uns nicht beteiligt. Es entwickelte sich aber außerdem noch ein sehr reges, geistiges Leben auf anderen Gebieten, so bezüglich sozialer Fragen, bei denen dann wieder der Abtreibungsparagraph eine Rolle spielte. In Diskussionen über letzteren wurde ich vielfach hineingezogen. Meinen diesbezüglichen Standpunkt habe ich hier schon dargelegt, konnte ihn aber nirgends durchdrücken. Wie eine Mauer stellten sich juristische und theologische Gegner bei jedem Angriff auf den Paragraphen schützend vor die «Heiligkeit des keimenden Lebens», die man ja gar nicht anzuzweifeln beabsichtigte. Es hätte gegen solche Voreingenommenheit einer Redegabe bedurft, wie Rosa Luxemburg sie hatte, und die besaß ich nicht.

Die suchende und gequälte Jugend brachte sodann die Sexualfragen an uns heran. Sie hatte einen Unterschied herausgearbeitet zwischen «Technik» und «Liebe», wobei sie unter Technik die Befriedigung des Sexualtriebes ohne seelische Beteiligung verstanden haben wollte. Es waren ernste junge Männer, die wissen wollten, wie sich die Frauenwelt zu diesen Problemen stelle. Ich habe ihnen von mir aus erklärt, daß die normale Frau in ihrem Sexualleben immer seelisch betont sei entsprechend ihrer anschließenden Bestimmung zur Mütterlichkeit, daß auf Grund derselben Naturbestimmung ihr Orgasmus an Stärke dem des Mannes, für den er Ziel und *Ende* bedeutet, nicht gleichkomme. Deshalb könne ihr nicht wie dem Manne der Orgasmus allein der Zweck einer Verbindung sein, wie das die «Technik» will. Wird sie von dem Manne doch dazu ausgenutzt, dann begeht er immer einen seelischen Betrug an ihr. Als Partnerin für «Technik» komme nur die Prostituierte in Betracht, oder Frauen, die sich aus Notgründen selbst dazu hergeben und dann von vornherein das eigene Menschliche ausgeschaltet haben. Entgegen anderen Anschauungen befürwortete ich «gesundheitlich überwachte Bordelle», in denen die Frauen einer regelmäßigen Kontrolle unterliegen und die benutzenden Männer sich einer solchen bei jedem Besuch unterziehen müssen, eine Einrichtung, von der die deutsche Militärbehörde im Zweiten Weltkrieg erfolgreich Gebrauch gemacht hat. Bei dieser hygienisch allein wirkungsvollen Untersuchung von Mann und Frau fällt dann auch das Entwürdigende der früheren Methode fort, einseitig die Frau mit Untersuchungszwang zu belasten. In bezug auf menschliche Wertschätzung, wenn man davon überhaupt sprechen will, stehen ja sowieso Besucher und Besuchte auf einer Stufe.

Sehr drastisch habe ich diese Verhältnisse von einer Prostituierten dargestellt bekommen, einer an sich netten Person, die ich bei der Entlassung aus der Klinik bat, nun doch ein anständiges bürgerliches Leben zu führen. Sie kam nach drei Wochen mit einem frischen Tripper zurück. Als ich dann entsetzt fragte: «Gibt Ihnen das denn so viel?», antwortete sie wörtlich: «Das Gestochere ist ja furchtbar, aber Geld kann ich damit verdienen, und je mehr Theater ich mache, um so mehr.» – Es erübrigt sich wohl, sich die Folgen auszumalen, die solch «Theater» auf die Vorstellungen ihrer männlichen Besucher ausübt und besonders auf die von Ehemännern, die Vergleiche anstellen mit ihren sich natürlich gebenden Frauen. Mancher hat sich danach für vom Schicksal betrogen gehalten, daß er eine so temperamentlose Frau bekommen habe. Von Ehefrauen wiederum, die in äußerlich guten Ehen lebten, habe ich gehört, daß sie sich während des Aktes, den der Mann wohl ohne seelische Vorbereitung vollführte, überlegten, was sie am nächsten Tage kochen wollten.

Ein paar Jahre später, etwa 1928, nahm ich teil an einer Sitzung von männlichen und weiblichen Gynäkologen, die Geheimrat Stückel zusammengerufen hatte zu einer Besprechung über die Sexualität der Frau. Dort trug ich meine im Vorgehenden dargestellte Auffassung vor und stieß auf leidenschaftlichen Widerspruch von einer jüdischen Kollegin, die der Meinung war, daß der Orgasmus der Frau dem des Mannes an Stärke gleichkomme. Sollten da Rassenunterschiede vorliegen? Weil ich irre wurde, besprach ich die Angelegenheit mit einer anderen jüdischen Kollegin und erfuhr von dieser, daß sie sich bezüglich ihrer Rasse ganz auf meinen Standpunkt stelle. Wir kamen zu dem Schluß, daß Temperamentsunterschiede sicher eine Rolle spielen, aber nie zur Gleichwertigkeit führen. Den letzten und unwiderleglichen Beweis dafür liefern die Kriminalakten, die zeigen, daß der Mann um des Aktes willen zum Lustmörder werden kann. – Ein Zeitungsbericht vom Februar 1953 über «die Lebenslänglichen von Hameln» gibt an, daß sich unter 68 Insassen dieser Abteilung des Zuchthauses 20 Frauenlustmörder befanden, also ein knappes Drittel der Insassen. Dabei ist das Zuchthaus von Hameln nur eins unter vielen und nicht das größte. Und zu diesen Morden kommen dann noch die unzähligen Fälle von Notzucht und Notzuchtsversuchen, über die man täglich in den Zeitungen lesen kann. Hat man jemals von einem von Frauen verübten Lustmord gehört, von einem Mord in der Ekstase des Orgasmus? – Einen solchen gibt es nicht. Denn die Frau tötet aus seelischen Gründen, aus Eifersucht, Rache oder Sorge um ein Kind, niemals aus geschlechtlicher Erregung. Ich habe aber in meiner Praxis auch mehr als ein Ehepaar erlebt, daß seine Ehe von beiden Seiten in Reinheit geschlossen hatte und in innerer Harmonie weiterführte. Das waren immer geistig hochstehende und stolze Menschen, die auf Sauberhaltung und Selbstachtung hielten. Sie brauchen keine «Technik», weil diese Männer bei Schwierigkeiten Selbstbeherrschung üben und ihre Frauen, auf die sie seelisch Rücksicht nehmen, ihnen aus der gleichen liebenden Einstellung heraus entgegenkommen. Nach solchem Muster kann jeder Mann ein gesundes, befriedigendes Geschlechtsleben führen, wenn er sich in der Hand behält und eine Gefährtin sucht, mit der er seelisch geistig verbunden ist.

Die politischen Ereignisse der Zwischenzeit, den Tod Eberts, die Wahl Hindenburgs übergehe ich, weil sie den Lesern noch gegenwärtig sein werden. Nur aus der Inflationszeit möchte ich erzählen. Es schmolz uns der Wert der Millionen von abends bis morgens hin wie Schnee vor der Sonne. Was in der Sprechstunde eingenommen war, das reichte am nächsten Morgen oft nur mehr zum Einkauf der Brötchen. Da bezahlte mir unaufgefordert ein einsichtiger Amerikaner die Entbindung seiner Frau mit Dollars. Wie wir die begrüßt haben! Wir legten sie aber zurück für unsere allherbstliche Reise in die Berge. Wir wollten den Ortler besteigen, den wir von St. Valentin auf der Heide immer so majestätisch vor uns gesehen hatten. Einzelne Schillinge, Gulden und Dollars, die zwischendurch uns beiden in die Hände fielen, sollten dem Haushalt zugute kommen.

Ausgerüstet mit einer großen Tasche voll Millionen von Mark und 200 Dollar, reisten wir ab. Beim Start zum Ortler führte uns unser Weg über Malles im Meraner Tal, wo wir Mittagspause machten. Als wir dort die Zeche im Hotel Post bezahlen wollten, fragten wir als ehrliche Leute, ob wir in Mark begleichen dürften oder lieber in Dollar. Ohne sich zu besinnen, bat der Wirt um deutsches Geld: Die Mark sei so stark gefallen, daß sie sich ganz ohne Frage in allernächster Zeit wieder erholen werde. – Solches Zutrauen in Tirol! In Sulden wurde amerikanisches Geld bevorzugt. Wir bestiegen von dort aus zunächst den Cevedale. Als wir nach viertägiger Pause dann an den Ortler selbst heranwollten, trafen wir am Vorabend Touristen mit deutschen Zeitungen. Und da erfuhren wir von dem Aufstieg der Mark über Milliarden hinweg zu Billionen. Der Schreck! – Wir gaben alle Pläne auf und marschierten schnellstens zurück nach St. Valentin, um von dort mit der nächstmöglichen Gelegenheit weiterzufahren nach Berlin. Fahrkarten hatten wir glücklicherweise. Die Hotelrechnung in München konnte gerade noch beglichen werden. In Berlin aber nahmen wir gleich am nächsten Tag die Praxis wieder auf. Wir hatten bis auf meinen ererbten Landbesitz in Ostfriesland all unser Geld verloren, weil wir das meiste in Kriegsanleihen angelegt und mit dem Rest schlecht spekuliert hatten. Aber wir waren gesund und hatten unsere Arbeit und Mut dazu. So haben wir diese Zeit, die so viele Menschen zur Verzweiflung brachte, gut überwunden. In den Sprechstunden aber hörte ich von schweren Schicksalen, von Armut und Not, denen die nicht im Arbeitsprozeß eingespannten Menschen ratlos gegenüberstanden. Da waren es nun meistens die Frauen, die sich ermannten. Sie richteten Hühnerfarmen ein auf dem Lande oder Pelztierzucht und verrichteten, arbeitsungewohnt wie sie waren, alle dazu erforderlichen Pflegearbeiten selbst. In der Stadt sah ich verwöhnte Frauen als Verkäuferinnen tätig oder nähend in Modesalons, und ich sah sie auch von Arzt zu Arzt ziehen, um Gummihandschuhe zu verkaufen, oder von Haus zu Haus gehen zum Strumpfverkauf. Sie versuchten auf alle erdenkliche Weise, für ihre Familie Brot zu beschaffen – während die Männer sehr, sehr oft vor Depression nichts taten, bis die Frauen auch für sie eine ihnen zusagende Arbeit auskundschafteten. Wie die fleißigen, nie versagenden Arbeitsbienen, die für ihren Bau sorgen. Ich war stolz auf diese Frauen.

– – – Bund Deutscher Ärztinnen

Vier Jahre nach Friedensschluß besuchte uns Ärztinnen in Berlin eine amerikanische Kollegin, Dr. Lovejoy, um uns zum Beitritt zur «Medical Women's International Association» aufzufordern. In Amerika praktizierten schon seit reichlich 50 Jahren eine Anzahl von Ärztinnen, die sich zur Vertretung ihrer Interessen zu einem Bund zusammengetan hatten. Um ihren Bestrebungen größere Wirkung zu verschaffen, wollten sie jetzt die Kolleginnen «all over the world» zur Mitarbeit sammeln. Die Ärztinnen aus England, Dänemark, Norwegen, Schweden, Finnland, Holland, Frankreich, Italien, Indien und der Türkei hatten sich ihnen schon angeschlossen. Dr. Meyer-Wedell in Hamburg, Dr. Turnau in Berlin und ich griffen die Idee auf. Wir gründeten in demselben Jahr noch den «Bund Deutscher Ärztinnen», der als solcher dem internationalen angeschlossen wurde. Es gelang uns, bereits 300 Kolleginnen zusammenzutrommeln. In unseren Vorstand traten noch Dr. Toni von Langsdorf (Essen) als Schatzmeisterin und Dr. Durand-Wever (Berlin) als Schriftführerin ein. Mich wählte man zur Vorsitzenden, wohl mehr aus repräsentativen Gründen als aus Vertrauen zu meinen Führereigenschaften, die ich nicht besaß.

Im Juli des folgenden Jahres 1924 wurden wir schon zu einer Tagung der International Association nach London eingeladen. Außer vier Vorstandsmitgliedern fuhr auf eine Sondereinladung hin noch die verehrte Frau Professor Rabinowitsch-Kempner mit, die auf Grund ihrer Tuberkuloseforschung Weltruf genoß. Sie arbeitete damals in einer Spezialabteilung eines Krankenhauses in Berlin. Wir Ärztinnen waren nach den Quäkern die ersten Deutschen, die 5 Jahre nach Beendigung des Krieges (nach dem Zweiten

Weltkrieg dauerte diese Zurückhaltung nur 1 1/2 Jahre) offiziell englischen Boden betraten. Die Regierung förderte uns, wo sie konnte. Die englischen Kolleginnen empfingen uns korrekt, aber sehr zurückhaltend. Wir wurden hervorragend gut untergebracht. Ich wohnte in der bekannten Arztstraße – der Harleystreet – bei einer Kollegin Dr. Mecready. Aber die Kollegin selbst war – verreist! Als Betreuerin betätigte sich mir gegenüber die liebenswürdige, damals 75jährige Dr. Sharlieb, die zu den ältesten Ärztinnen Englands gehörte und ihre Praxis noch voll ausübte. Sie schickte mir zu den großen Versammlungen ihr Auto oder holte mich selbst ab, außerordentlich höflich, aber doch sehr reserviert. – Noch zurückhaltender waren die Französinnen. Liebenswürdig und ungezwungen traten uns die Amerikanerinnen entgegen und eine türkische Ärztin, die in Istanbul mit einem deutschen Chirurgen verheiratet war und dort praktizierte. – Zwei Themen standen zur Besprechung: Eklampsie (Krämpfe bei der Entbindung) und Sepsis (Kindbettfieber). Zu beiden hatte ich mich zu Wort gemeldet. Bezüglich Eklampsie hatten wir in Deutschland während der Hungerjahre eine auffallende Abnahme von Erkrankungsfällen beobachtet, die wir auf eine Herabsetzung des Blutdrucks durch Mangel an Eiweißnahrung zurückführten. Dies Ergebnis interessierte besonders die Amerikanerinnen, weil man in Amerika zu demselben Resultat gekommen war bei künstlicher Herabsetzung der Eiweißnahrung. Es gab das eine Annäherung der Amerikanerinnen an uns.

Zu dem zweiten Thema – Kindbettfieber – bekam ich als vorletzte das Wort. Ich brachte dann vor, was ich hier schon besprochen habe. Da war es nun interessant, die Reaktion der weiblichen Ärzte zu sehen gegenüber der der männlichen, die ich in Deutschland erlebt hatte. Während die männlichen Kollegen sehr von oben herab mit großer Skepsis meiner Folgerung entgegentraten, ging es hier wie ein Ruck durch die Versammlung, und nach Beendigung des Vortrages kam als erste die französische Delegierte, Madame Thullier-Landry, aus ihrer starken Reserve heraus auf mich zu und sagte mir wieder und wieder, ich hätte recht, meine Folgerung leuchte ihr ein. Es gab da keine einzige Kollegin, die nicht zustimmte. Was liegt hier vor? Sollten die Frauen in medizinischen Fragen, die das Sexualgebiet streifen, aufgeschlossener sein und ungebundener?

Nach dieser Aussprache war das Eis gebrochen zwischen uns Deutschen und den Kolleginnen der früheren Feindländer. Wir haben viele wertvolle Bekanntschaften gemacht. Außerdem erlebten wir noch äußerst interessante Empfänge, die auf Grund des Festhaltens der Engländer an traditionellen Formen sehr feierlich wirkten. Der damalige Ministerpräsident MacDonald empfing uns zweimal: einmal sehr offiziell in der Downing Street und ein anderes Mal ganz unkonventionell im Parlamentshause. Von ihm und seiner Tochter Isabel habe ich den denkbar besten Eindruck mitgenommen als von besonders sympathischen, ernsten Menschen. Ein ungewöhnlich schönes Fest im Park des historischen Schlosses gaben den Ärztinnen der Erzbischof von Canterbury und seine Frau, Dr. Davidson und Frau Davidson, die sich während des ersten Krieges als deutschlandfreundlich gezeigt hatten. Das Ehepaar begrüßte uns deutsche Delegierte besonders freundlich. Die große Prachtentfaltung hatte mich in Gedanken an die damalige Not in Deutschland innerlich sehr erregt. Als nun in dieser Stimmung Frau Davidson sich sehr liebenswürdig nach dem Ergehen von Dr. Franziska Tiburtius erkundigte, die durch die Inflation arm geworden war und in Not lebte, verlor ich etwas die Fassung. Da winkte Frau Davidson in zarter Aufmerksamkeit ihren Sohn heran und beauftragte ihn, uns Deutschen die Sehenswürdigkeiten des Schlosses zu zeigen, wobei ich mich rasch wieder fassen konnte. Dies Versagen bedrückte mich. Als ich es aber nach der Rückkehr Helene Lange beichtete, tröstete sie mich und meinte, das sei ganz gut so gewesen! Alle sind wir angeregt und bereichert an Erfahrungen nach Deutschland zurückgekehrt.

Während meines vierjährigen Vorsitzes hatten wir im Sommer 1928 die zweite internationale Konferenz in Italien, in Bologna. Diese stand ganz unter dem Zeichen des jungen Faschismus. Fast an allen Mauern große Duce-Bilder. Das wirkte auf uns Deutsche damals befremdend, wenn nicht komisch; ebenso die faschistische Rede, die uns mitten in unseren Fachbesprechungen eine Abgesandte der Regierung hielt. Wir nordischen Kolleginnen, die englischen, holländischen, norwegischen und deutschen kamen zu dem Schluß, daß derart übertriebene Methoden bei uns kühlen Nordländern nie möglich sein könnten. – Fünf Jahre später wurden sie bei uns verstärkt, mit deutscher Gründlichkeit betrieben.

In Bologna haben wir fachlich nichts Epochemachendes erfahren, aber durch Ausflüge in die Umgebung viele interessante Eindrücke von Volk und Land bekommen. – Auf der Rückreise traf ich mich mit meinem Mann in Venedig, dessen Herrlichkeiten wir außerordentlich genossen haben als schönen Abschluß der Tagung.

Im Herbst 1928 legte ich gelegentlich einer nationalen Zusammenkunft in Bamberg meinen Vorsitz nieder. Ich war, wie schon erwähnt, kein Versammlungsmensch und wurde deshalb nicht Herr über die auch im Bund unruhig werdenden Geister, insbesondere war ich wohl zu sture Friesin, um mit der Jugend mitzugehen, der unser Kampf nichts mehr galt. Bei meinem Abgang kamen Jüngere in den Vorstand. – 1933 wurde der Bund von den Nationalsozialisten als «international» aufgelöst. 1952 ist er zu meiner Freude neu wiedererstanden.

– – – Hitlerzeit und wieder Krieg

Dann nahten die Vorläufer der Hitlerzeit. Zunächst der schleichende zunehmende Antisemitismus. Mein Mann und ich standen auf dem Boden absoluter Toleranz. Wir suchten in jedem Menschen den wertvollen Kern, und wenn wir den gefunden hatten, kümmerten wir uns nicht um seine Religions- und Rassenzugehörigkeit, wobei ich zugebe, daß wohl unbewußt gleichgerichtete Menschen rascher zueinanderfinden. Von meinen vier Chefs, für die alle ich großen Dank empfinde, habe ich den jüdischen, Herrn Geheimrat Jadasson in Bern, menschlich am höchsten gestellt. Nun hörten wir, die wir Mitglieder des deutschösterreichischen Alpenvereins waren, daß man den Juden Schwierigkeiten mache, auf ihren Hochtouren die Hütten zu benutzen, deren Erbauung sie stark gefördert und teilweise geldlich erst ermöglicht hatten. Das empörte meinen bezüglich Unrecht sehr empfindlichen Mann so stark, daß er 1925 auf einer zur Besprechung dieser Angelegenheit einberufenen Versammlung des Alpenvereins sich zu Wort meldete und zur großen Enttäuschung des Vorstandes eine scharfe Rede hielt gegen den Antisemitismus im Hochgebirge. Die Folge war eine Spaltung des Vereins, die Gründung des «Alpenvereins Berlin» und schon nach Jahresfrist die Neuerbauung der schönen Friesenberg-Hütte, die wir von Ginzling im Zillertal aus mit verfolgt haben. Aber bei dem zunächst nur ideologisch geführten Antisemitismus

blieb es nicht. Bald gesellte sich zu ihm der Ruf nach dem
«starken Mann», bei dem Hitler im Hintergrunde stand.
Dann setzte eine Hetze gegen die Kommunisten ein. Eines
Tages berichtete mir eine Patientin sehr erregt, daß in der
letzten Nacht zwischen 3 und 4 Uhr eine allgemein ge-
schätzte, 45jährige sozialdemokratische Stadtverordnete zusammen mit 2 Kommunisten von der Gestapo abgeholt, in
den Columbuskeller gebracht und dort von 17- bis 18jähri-
gen SS-Leuten mißhandelt worden sei. Sie sei über den
Tisch gelegt, habe ihre Kleider hochschlagen müssen zur
Entblößung und sei dann mit Gummiknüppeln geprügelt
worden. Namen und Adressen von allen drei Verhafteten
wurden mir genau angegeben. – Die Vorstellung, daß halb-
erwachsene Jungen derart respektlos eine verdiente Frau,
die ihre Mutter hätte sein können, anfassen und mißhan-
deln durften, hat mich hochgradig erregt. Wo würden wir
hinkommen bei solchem Niedertreten jeder Ehrfurcht?
Was für Ehemänner würden diese verrohten Jungen abgeben und was für Väter! – Es hielt mich nicht. Ich habe über
seine Frau an Papen geschrieben und um Feststellung gebeten, ob diese Berichte auf Wahrheit beruhten, damit ich an-
dernfalls ihnen entgegentreten könne. Das Büro rief nach
Empfang meines Briefes bei uns an, es sei Auftrag gegeben
zum Nachforschen. Und danach hörte ich nichts mehr –
wohl weil die Tatsachen nicht zu bestreiten waren. Sie wurden späterhin belanglos gegenüber den langsam zunehmenden Verbrechen der Nazis. Papen war als Vertreter alter
Kultur damals unser Trost, denn wir Nichtpolitiker litten
zur Hauptsache unter dem raschen Verfall der Begriffe von
Menschlichkeit, Anstand und Sitte. Empört legte mein
Mann eines Tages die sonst so anständige «Tägliche Rundschau» aus der Hand: das Blatt habe einen derart ordinären
Ton angenommen, daß er es nicht mehr lesen könne. Wir

haben die «Rundschau» abgeschafft, aber kein besseres Blatt wiedergefunden und deshalb nur mehr Einzelexemplare gelesen. Den «Völkischen Beobachter», der uns immer wieder aufgedrängt werden sollte, haben wir erfolgreich abgelehnt mit dem Hinweis, daß in unserem Wartezimmer nur schöngeistige Lektüre ausliege, weil die Patienten nicht beunruhigt werden sollten. – Abwehren konnte man auf solche Weise. Man konnte auch den Hitlergruß vermeiden, indem man mit einer besonders freundlichen Begrüßung zuvorkam. Das war nur schwierig bei Gerichtsverhandlungen. Bei einer kleinen Sachverständigenaussage habe ich unter jeden Arm ein dickes Patientenbuch genommen und etwas gemurmelt von Behindertsein. Damit kam ich durch und glaubte sogar, bei den Beamten ein diskretes Lächeln bemerkt zu haben, jedenfalls hoben sie keine Hand zum Widergruß. Bei einem dreiwöchigen Prozeß aber, in dem eine Kollegin vor fanatischen Nazis gerettet werden mußte, die sie wegen Abtreibung angeklagt hatten, habe ich wohl oder übel viermal am Tage die Hand «etwas erheben» müssen. – Mein Mann hat es ähnlich so gehalten, und im übrigen sind wir allen Grußgelegenheiten, die mit Hitlers Kanzlerschaft mehr und mehr überhandnahmen, aus dem Wege gegangen, bei Aufzügen in Nebenstraßen eingebogen und haben vor Absingen des Horst-Wessel-Liedes den Saal verlassen. Es ist uns beiden nichts geschehen, obwohl wir nie zurückgehalten haben mit unserer Meinung und ich sogar einmal einer alten Patientin ihr Parteiabzeichen abzunehmen versuchte, weil ein Bekenntnis zu Hitler nicht zu der früheren Einstellung ihrer Familie passe. Im Kreise unserer Klientel haben sich wohl keine Denunziantennaturen befunden.

Der Befehl zum Flaggen brachte uns in eine schwierige Situation. Wir besaßen nur die alte schwarzweißrote Fahne, die im Ersten Weltkrieg tapfer gedient hatte, und außerdem vom Gatower Landhaus her die Olympiafahne mit den Ringen. Als wir nun 1937 umzogen in die Kaiserallee, fehlte bei einer befohlenen Sonntagsbeflaggung an unserer siebenfenstrigen Vorderfront jeglicher Schmuck. Wir dachten nicht, daß das auffallen würde. Aber da kam schon die Portiersfrau, deren Mann Blockwart war, aufgeregt zu uns herauf, wir möchten doch gleich flaggen. Auf meinen Einwand, daß wir keine Hakenkreuzfahne hätten und heute am Sonntag auch keine kaufen könnten, meinte sie: «Haben Sie denn kein rot' Läppchen? Es ist ja nur, daß mein Mann Sie sonst anzeigen muß.» Der Mann hat nicht angezeigt, und wir haben dann eine Miniaturfahne mit Hakenkreuz angeschafft. In gleicher Größe besorgten sich auch unsere Freunde ein Fähnchen und hängten es an den befohlenen Tagen zum Fenster heraus. Unser Portier aber, der Blockwart, der dem Alkohol huldigte, hat in einem seiner Rauschzustände sein Hitlerbild von der Wand gerissen und es mit Füßen zertreten!

Langsam spitzten sich dann die Judenverfolgungen zu. Ich hörte von so vielen persönlichen Erlebnissen, daß ich aus der Aufregung nicht herauskam. Eine sympathische jüdische Sängerin verabschiedete sich von mir, weil sie am folgenden Tage abgeholt werden sollte. Ich gab ihr eine Postkarte mit der dringenden Bitte um Nachricht. Nachricht ist nie gekommen. – Dann wurde ich auf der Straße Zeugin des Abschieds einer jungen Frau im 3. Stockwerk von ihrer alten Mutter, die in einem Planwagen mit zwei seitlichen Bänken «abgeholt» wurde. – «Mutter, Mutter, bleib gesund!» klang es jammernd von oben, und man hatte das Gefühl, es müßten alle Passanten zusammenlaufen, die Straße schwarz werden von Menschen, die dazwischen sprängen und abwehrten. Aber nichts geschah. Und ich selbst setzte meinen täglichen Weg zur Klinik fort und tat auch nichts. – Wie ein Alp lag es auf uns.

Nachts von 3 bis 5 Uhr ist es in Berlin unheimlich zu gehen, die Straßen sind dann ganz menschenleer, und wenn man jemanden kommen hört, muß man sich für alle Fälle schnell, schnell in Abwehrstellung bringen – was ich mit dem Schlüsselbund tat, den Ring um den Daumen und die Spitzen nach vorn. So gewappnet habe ich in diesen unangenehmen Nachtstunden den Gang zur Klinik oder zurück gemacht. Unheimliche Stille immer. Aber in diesen unheimlichen stillen Stunden ist dann – nach Göbbels – «die Volksseele» erwacht und hat in bösem Zorn die Judenläden zertrümmert und ausgeraubt und die Synagogen in die Luft gesprengt (9. November 1938). – Woher kam denn das Volk mit seiner Seele? – Unserm Haus gegenüber lagen zwei jüdische Läden mit großen Fenstern. Zur Straße hin schlief die Pflegetochter. Die wurde aus ihrem tiefen Jugendschlaf heraus plötzlich wach von dem Geräusch klirrenden Glases; sie geht ans Fenster und sieht in der leeren Straße zwei Männer mit großen Eisenstangen am Werk, Fenster und Ladeninhalt zu zertrümmern! Erst der Lärm von dieser Zerstörung rief dann nach und nach die Portiers heraus, hier einen, dort einen. Soweit ihre Seele wirklich wach war, haben sie im Hause später echt berlinisch geschimpft statt gutzuheißen. – Am nächsten Tage mußte man dann mit ansehen, wie die Jugend die nun offenen Läden ausplünderte und Schupos, die sie daran hindern wollten, abgerufen wurden! Schulkinder traten mit Füßen nach alten, fliehenden Juden! Das war ja Wahnsinn! – Versuchte man selbst die Jugend, die meist in Uniform war, abzuhalten, dann wurde man von ihr mit halbirren Blicken angefahren, bereit zum Angriff. – Dieser Wahn, der den Menschen durch tägliches Einhämmern bei Schulungen systematisch eingepflanzt wurde, nahm schließlich furchterregende Formen an. Im Jahre 1943 erzählte uns ein junger Arzt auf unsere Frage nach seiner Tätigkeit an der Front, er habe die Aufgabe, Juden zu beseitigen – und zwar mit Gas. Entsetzt mache ich den Einwand: «Aber der Arzt soll doch Leben erhalten und nicht vernichten!» und bekomme als Antwort die Gegenfrage: «Töten Sie denn keine Läuse und Wanzen?» Wegen dieser Antwort interpellierte ich am folgenden Tage eine mir bekannte Nationalsozialistin in der Sprechstunde und fragte sie, ob solche Lesart in der Partei wirklich üblich sei. Sie bejahte bedrückt und fügte hinzu, daß die bei dieser Vergasung tätigen Ärzte zu ihrem Schutze die Weisung hätten, von «Entlausungsanstalten» zu sprechen, an denen sie arbeiteten.

Demgegenüber nun eine Jüdin: vornehme Frankfurterin, reich, 84 Jahre alt, 2 Söhne, einer als Jurist mit großem Erfolg für Deutschland tätig bei der Abrechnung mit Rumänien über Schulden des ersten Krieges, wohnte solange mit seiner Familie unbehelligt in Paris. Die Mutter, die ich regelmäßig behandelte, mußte zunächst alle den Juden auferlegten Schikanen ertragen in Form von Wegnahme des Vermögens bei Belassung von 200 Mark monatlich, Wegnahme von Schmuck und Silber bis auf ein Besteck zum persönlichen Gebrauch; dann Vertreibung aus der Wohnung, Beschränkung auf nur mehr ein einzelnes Zimmer in einem jüdischen Hause, und schließlich Verbot, arische Ärzte zu konsultieren. Sie fand sich in alles und sagte mir, sie müsse ja dankbar sein für ihr hohes Alter, denn Juden über 75 Jahre ließe man in Ruhe bezüglich Abtransport. Weil sie nicht mehr zu mir kommen durfte, ging ich zur Behandlung zu ihr. Eines Tages ließ sie mich zu einem baldigen Besuch bitten. Das war Ende September 1942. Da erfuhr ich, daß jetzt auch die alten Juden abtransportiert werden sollten und sie nun jeden Tag abgeholt werden könne. Ich kenne sie ja genug, meinte sie, um zu wissen, daß sie solchem Erleben nicht mehr gewachsen sei. – Da habe ich ihr – und das würde ich in einem ähnlichen Fall genau so wieder tun – Mittel aufgeschrieben und Anweisungen gegeben, um vor dem «Ermordetwerden unter Qualen» sich selbst zu töten: «Sie müssen nicht denken, daß ich bitter bin. Ich sehe in dem Ganzen keine Untat der Deutschen, sondern ein Weltgeschehen.» Das waren die letzten Worte, die ich von ihr hörte. Am nächsten Tage kam die telefonische Nachricht, daß man sie tot im Bett gefunden hätte.

An dem unglückseligen 9. November 1938 haben viele, viele Juden das gleiche tun wollen, sind aber nicht damit zurechtgekommen und dann bewußtlos, benommen und mit schweren Verletzungen in die Krankenhäuser gebracht worden, wo die Ärzte ihnen pflichtgemäß zum Leben zurückverhelfen mußten. Eine junge Kollegin erzählte mir von dieser schlimmen Nacht. Sie hätte lieber überall Morphium geben mögen zur Beendigung des gequälten Lebens.

Die reichen Juden aus meinem Patientenkreis waren schon bei dem Herannahen des Hitlerregiments aus Deutschland geflohen. Es wurden deshalb zur Hauptsache die Juden des Mittelstandes und die armen Juden betroffen. Von diesen hingen viele so stark an Deutschland und an Berlin als Vaterland und Vaterstadt, daß sie sich nicht zur Abreise entschließen konnten. Ich bin von vielen um Rat gefragt worden und habe dann gedrängt zum Fortgehen. Einzelne konnte ich an warmherzige Kolleginnen in England verweisen, die dann auch für sie sorgten. Es waren Jahre voller Entsetzen. In diese hinein wuchs der Krieg, der in seinen Anfängen verblüffte, uns aber ein siegreiches Ende ebenso fürchten ließ wie eine Niederlage. – Es kamen die Bombennächte, die wir im Keller zubrachten mit fünf Etagen über uns! Berlin hatte zuwenig Bunker. Bis zum Februar 1943 fielen Brandbomben, die wir abwehren konnten. Meine Wirtschafterin warf geistesgegenwärtig eine, die durch Dach und Boden in die Küche gefallen war, unmittelbar durch das Fenster auf den Hof, und der sonst selten nüchterne Portier suchte während des Angriffes mutig den Boden ab und machte ungezählte Bomben unschädlich durch Sandauflage. So blieb unser großes Haus verschont. Das Nachbarhaus aber, in dem sämtliche Bewohner mitsamt dem Portier verängstigt im Keller den Abzug der Flieger abzuwarten pflegten, brannte von oben her total ab. Die Kellerinsassen wurden erst durch Rauch aufgescheucht. Im Februar aber kamen die schweren Bomben, die Minen und Kettenminen, die ganze Häuser herunterrissen. An der Kreuzung unserer Nachbarstraße mit der gefürchteten Prinzregentenstraße, deren in Privatvillen untergebrachten SS-Kasernen die Flieger besonders anzogen, hat eine solche Kettenmine acht Häuser gleichzeitig zerstört, vier Eckhäuser total und die anliegenden vier zum größten Teil. Bei solchen Treffern pflegte dann bei uns im Keller das elektrische Licht zu erlöschen. Den Lärm der fallenden Bomben hörten wir nur gedämpft. Aber die Dunkelheit erschreckte jedesmal von neuem, trotz der mitgebrachten und bald angezündeten Kerzen. – Nach einem besonders schweren Angriff in den Morgenstunden ging ich früh um acht Uhr zum Bahnhof Zoo, wo noch eine Poststation erhalten sein sollte, bei der man rotumränderte Schnellkarten bekommen konnte zur Benachrichtung der Angehörigen, daß man noch lebe. Ich kam zum Rankeplatz und stand im Flammenmeer. Alle Häuser brannten. Sie brannten in der Joachimstaler Straße bis hin zum Zoo, und sie brannten in sämtlichen Seitenstraßen. Als ich dann vom brennenden

Otto Heusler, Leer (Ostfriesland), 1938

Bahnhof Zoo unverrichteter Sache zurückkam, sagte ich mir, es sei doch ein Unsinn, noch länger in Berlin zu bleiben. Aber ich hatte das kaum gedacht, da hörte ich in einem abgebrannten Hause schon ein Hämmern. Die Berliner bauten bereits wieder auf! Die Tapferen! – Ich habe mich dann geschämt und meine Pläne geändert zum Bleiben.

Dann aber wurde auch die Landhausklinik zerstört, in der ich arbeitete. Ihr Luftschutzkeller lag im Souterrain nach der Straße zu, also ganz unsicher. Weil in demselben Keller auch das Entbindungszimmer untergebracht war, wagte ich nicht mehr, meine Frauen dorthin zu legen, und schickte deshalb alle, die die Kosten tragen konnten, nach Neuruppin oder Dresden, Städte, die bisher von Bombenangriffen verschont geblieben waren. Das taten, wie ich hörte, auch andere Kollegen. 1944 im Januar ist dann der ganze vordere Teil der Landhausklinik mitsamt dem geschilderten Luftschutzkeller von Bomben total zerstört worden. Rein schicksalhaft war am Tage vorher ein neuer Luftschutzkeller im hinteren Teil der langgestreckten Klinik angelegt worden. Dieser blieb unberührt stehen, so daß Menschen nicht verletzt wurden. – Mit der Klinik verlor ich mein Tätigkeitsfeld. Ich schickte nun auch meine operativen Fälle nach Neuruppin. Meine ärztliche Tätigkeit beschränkte sich dann auf kleine Eingriffe, die im Untersuchungszimmer ausgeführt werden konnten, und auf Sprechstundenbehandlung. Während der Sprechstundenzeit aber saß ich vielfach mehrere Stunden mitsamt meinen Patienten im Luftschutzkeller. Wir saßen dort mit Rucksack, um die Notöffnung zum Nachbarhaus passieren zu können. Einen Koffer hätte man nicht durchgelassen. Es war ein langsames Absterben der Praxis und der gesamten glücklichen Lebensbedingungen, unter denen man ihr hatte nachgehen können. Seit 1942 siechte mein Mann dahin an einer latenten Sepsis nach Operation und starb im Januar 1943. Er stand im 75. Lebensjahr, ich selbst im 71. Wir hatten das Alter nicht beachtet und nicht bemerkt, weil wir ganz ausgefüllt waren von Arbeit und geistigen Interessen. Bei so starker Verbundenheit aber bedeutete die in merkwürdiger Verblendung nicht vorausgesehene Trennung einen schweren, nicht zu überwindenden Schlag. So kam es, daß ich die letzten zwei Jahre an Eifer nachließ, monatelang verreiste und im März 1945 einem Ruf an das Sterbebett meiner letzten Schwester in Ostfriesland nachkam, womit ich nichtsahnend Berlin für immer verließ. – Als ich angezogen mit gepacktem Koffer zur Abfahrt bereitstand, kam die letzte Patientin, eine Fremde, die sich nicht abweisen lassen wollte. Sie weinte bitterlich, als ich sie nicht annahm. Ich war psychisch nicht mehr dazu imstande.

– – – Schlußwort

Überdenke ich mein ganzes Leben, dann habe ich als Kind und junger Mensch ungewöhnlich viel Schweres erleben müssen, was sich in der melancholischen Umgebung und bei der ererbten Erregbarkeit stark auswirkte. Ich hatte aber zwei Persönlichkeiten zur Seite, die mich stützten. Das war der Vater, der mit seiner Strenge Haltung lehrte, und die Märchentante, die alles mit Milde verklärte und aus dem Erlebten innere Werte zu schaffen suchte. Beider Einfluß währte über den Tod hinaus.

Mein früh erwachter Tatendrang und Opposition gegen Ungerechtigkeit und Unterdrückung wurde nicht gepflegt, aber auch nicht bekämpft. So konnte ich, als ich reif dazu war, mit unbeschnittenen Kräften in den Kampf eintreten. Ein großes Glück ließ mich dabei *Helene Lange* als Führerin und Beschützerin finden und *Frida Busch* als Arbeitskameradin. Unter Helene Langes ständiger Fürsorge haben wir beide zehn Jahre lang Seite an Seite miteinander gearbeitet, wobei mir die seelische Gleichmäßigkeit von Frida Busch eine große psychische Stütze war. Am Ziel angelangt, fand ich schicksalhaft und wieder begleitet von schwersten seelischen Erschütterungen in meinem Mann den Lebenskameraden, der in selten guter Ergänzung mir half, die psychisch bedingten Schwierigkeiten in Beruf und Leben zu überwinden. So habe ich oftmals das Gefühl gehabt, als sei bei meinem Kampf eine Hand über mir gewesen, die mich führte. Es war aber wohl das starke Gesetz in mir, dem ich folgen mußte und das mich die Menschen finden ließ, die mir helfen konnten.

Das Werk, an dem ich mitarbeiten durfte, Helene Langes Kampf um die Bildungsmöglichkeit der Frau, ist voll gelungen. Unser Petitionssturm hat damals den Reichstag und die Behörden zu einzelnen Zulassungen zum Examen und zum Universitätsbesuch veranlaßt. Sie hielten uns aber an der Kette durch die Bedingung, jeden Dozenten persönlich um Hörerlaubnis zu bitten. Als dann 1896 die ersten Examina – Abitur zunächst und später Staatsexamen –, als Kuriosa noch, bekannt wurden, halfen die Zeitungsreporter mit als Propagandisten. Aus dem dadurch reif gewordenen Boden wuchsen dann in schneller Folge private Mädchengymnasien, die von einsichtigen Stadtvätern für ihre Städte übernommen wurden. – Endlich 1908 fielen die Ketten; es kam in Deutschland die offizielle Zulassung der Frau zum Universitätsstudium, die sie von Bittgängen befreite. Durch das so gestürmte Tor drang dann in unerwarteter Stärke ein Strom von geistig ausgehungerten Frauen, die langsam in alle Fächer vorstießen. Ich wünsche ihnen, daß der Helene Langesche Geist sie weiter beflügeln möge zu hochwertigen Leistungen, die allein überzeugen.

Nach dem Kriege vor ihrem Haus in Pewsum (ca. 1946)

1872–1955

«In der Beständigkeit liegt das Geheimnis des Erfolgs»: Dr. med. Hermine Heusler-Edenhuizen. Der von Helene Lange als Schülerin 1896 erhaltene Wahlspruch begleitete sie ihr Leben lang.

Schriften von
Hermine Heusler-Edenhuizen

Medizinisch-wissenschaftliche Publikationen

1.   **1903**
     Über Albuminurie bei Schwangeren und Gebärenden. Inaugural-Dissertation, Bonn, 1903

2.   **1905**
     Ein bemerkenswerter Fall von Magentetanie. Archiv für Verdauungskrankheiten 11, 1905, 333–345

3.   **1906**
     Über einen Fall von Polymyositis bei akuter Polyarthritis. Dt. Archiv f. klin. Medizin, 1906, 14–30

4.   **1916**
     Ätiologie und Therapie des Pruritus vulvae et ani. München, Med. Wschr. 1916

5.   **1924**
     Eine unbeachtete Ursache des Puerperalfiebers. Zentr. bl. f. Gyn., 1924, Nr. 45, 2472–2474

6.   **1949**
     Zur Frage der Verhütung der Schwangerschaftsstreifen. Dt. Med. Wschr. 74, 1949, 247–248

7.   **1949**
     Neuralgie als häufige Ursache der «Kreuzschmerzen» der Frauen. Dt. Med. Wschr. 74, 1949, 1338–1339

8.   **1952**
     Ein Beitrag zur praeventiven Medizin des Praktischen Arztes. Dt. Med. Wschr. 77, 1952, 817–818, (zum Problem Kindbettfieber)

Sozialpolitische Publikationen

9.   **1924**
     Zum § 218 des StGB. Soziale Praxis 1933, Nr. 32, 1924, 649–652

10. **1924**
     Zum § 218 des StGB. Vjschr. Bd. Dt. Ärztinnen 1, 1924, 30–33

11. **1924**
     Was wir wollen! Vjsch. Bd. Dt. Ärztinnen 1, 1924, S. 1

12. **1925**
     Erfahrungen und Wünsche einer Frauenärztin. In: Die körperliche Ertüchtigung der Frau. Berlin 1925, 26–29

13. **1927**
Ehefragen – zum Programm der Eheberatungsstellen. Vjschr. Bd. Dt. Ärztinnen 3, 1927, 5−8

14. **1927**
Kampf um das eigene Kind. Berliner Tagebl. Nr. 176, 14. 4. 1927

15. **1928**
Die sexuelle Not unserer Jugend. Die Frau 35, 1927/28, 605−611

16. **1928**
Der Bund Deutscher Ärztinnen. Die Studentin 4, 1928, 106−109

17. **1928**
Eheberatungsstellen. Soziale Praxis 37, 1928, 184−188

18. **1928**
An die Mitglieder des Bundes Deutscher Ärztinnen. Monatsschrift Deutscher Ärztinnen 1, 1928, 1

19. **1928**
Die Höhere Tochter von dazumal und Helene Lange. Festnummer des Nachrichtenblatts des Bundes Deutscher Frauenvereine: Helene Lange zum Achtzigsten Geburtstag, 9. April 1928

20. **1928**
Helene Langes Bedeutung für die Ärztinnen. Mschr. Dt. Ärztinnen 4, 1928, 56−57

21. **1928**
Was lehrt der Primanerstreik? Die Frau 35, 1927/28, 437−439

22. **1930**
§ 218, ein Produkt vermännlichter Kultur. Mschr. Dt. Ärztinnen 6, 1930, 252−255

23. **1931**
§ 218 vom Standpunkt der Frau, Dt. Ärztebl. 9, 1931, 173−174

24. **1953**
Das Kind war viel zu groß – wie ich die erste Fachärztin Deutschlands wurde. Der Deutsche Arzt 3, 1953, 287−291

25. **1954**
Noch einmal: «Mangelware Schwestern». Ärztliche Mitteilungen H. 16 vom 21. 8. 1954, 548

26. **1954**
Schwester 1902 – Putzfrau, Ärztliche Mitteilungen 1954, 783−784 (kontroverse Diskussion mit M. Kaehler).

27. **1956**
Vor 50 Jahren. Der dt. Arzt 6, 1956, 135−137

Stellungnahmen, Eingaben, Ansprachen

28. **1902**

Zus. m. Gertrud Roegner, Elisabeth Cords, Hildegard Lindner, Hedwig Meischeider: Petition an den Preußischen Kultusminister. In: Kaufmann, Ella, Die Vorgänge an der Universität Halle. Zentralblatt des Bundes Deutscher Frauenvereine 3, 1902, 157–158 und in: Lange, Helene: Zur Kalamität des Frauenstudiums. Die Frau 9, 1902, 243–247

29. **1924**

Rundschreiben: «Sehr geehrte Kollegen!» Bekanntmachung der Gründung des Bundes Deutscher Ärztinnen

30. **1924**

«Ladies and Gentleman!» Ansprache auf dem Kongreß der «Medical Women's International Association» 1924 in London

31. **1927**

Dr. Franziska Tiburtius. Ansprache für den Bund Deutscher Ärztinnen zum Tode von Dr. Franziska Tiburtius

32. **1928**

Eingaben an die Reichseisenbahndirektion Stettin zwecks Zulassung von Ärztinnen als Bahnärztinnen sowie an die Reichsversicherungsanstalt für Angestellte zwecks Zulassung von Bahnärztinnen als «Vertragsärztinnen». In der Dokumentation «Ärztinnen» des Instituts für Geschichte der Medizin, Berlin, 22. 10. 1993 (unveröff.)

33. **1928**

Ansprache und Begrüßung der Teilnehmer der Tagung des Bundes Deutscher Ärztinnen in Bamberg, September 1928

34. **1930**

Eingabe an den Strafrechtsausschuß des Reichstages zur Abschaffung des § 218, zusammen mit 360 Großberliner Ärztinnen Sommer 1930. Dokumentation «Ärztinnen», a. a. O.

35. **1932**

Gegengutachten auf Veranlassung des Vereins Badischer Lehrerinnen. ADLV – Deutsche Lehrerinnenzeitung 49, 1932, 159–162 (Problem der Minderbezahlung von Lehrerinnen)

36. **1932**

Gutachten über höhere Belastbarkeit und höheren Krankenstand von Lehrerinnen. Ärztin 8, 1932, 161 ff.